Raspberry Pi – dein Einstieg

Über die Autoren

Matt Richardson ist Executive Director für die Raspberry Pi Foundation und verantwortlich für den Non-Profit-Bereich in Nordamerika. Er ist Absolvent des Interactive Telecommunications Program der New York University. Zu den Highlights seiner Arbeit gehört die Descriptive Camera (eine Kamera, die eine Textbeschreibung einer Szene statt eines Fotos ausgibt) und The Enough Already (einer Arduino-Bastelei, um zu häufig vorkommende Promis im Fernsehen stummzuschalten). Matts Arbeiten fanden sich schon im Nevada Museum of Art, auf dem Internationalen Fotografie-Festival in Rom und auf der Mailänder Designwoche. Sie wurden auch von *The New York Times*, *Wired* und *New York Magazine* erwähnt.

Shawn Wallace lebt in Providence (Rhode Island) und erschafft kreative Coding-Werkzeuge für junge Leute in den Unruly Studios. Er ist Erfinder von Fluxly, Cryptozoologic und dem Fluxamasynth. Zuvor half er dabei, das FabLab in Providence zum Leben zu erwecken, war Autor und Lektor bei O'Reilly und Maker Media und er entwarf Elektronik-Devices für Modern Device.

Wolfram Donat ist Entwickler, Maker und Autor, der mit dem Raspberry Pi Dinge baut, seit er sein erstes Model 1A+ bekommen hat (und das ist ganz schön lange her). Aktuell ist er Architekt bei Arc Machines, Inc., wo er den Pi (und andere Geräte) dazu einsetzt, intelligente Schweißmaschinen zu bauen und anzusteuern. Dies hier ist sein vierter Ausflug in die Welt der Bücher über den Raspberry Pi und seinen Einsatz.

Matt Richardson · Shawn Wallace · Wolfram Donat

Raspberry Pi – dein Einstieg

Der vielseitige Linux-Computer für Smarthome, Entertainment, Experimente

Übersetzung der 4. US-Auflage

Matt Richardson • Shawn Wallace • Wolfram Donat

Lektorat: Gabriel Neumann
Lektoratsassistenz: Anja Weimer
Übersetzung: Thomas Demmig
Copy-Editing: Annette Schwarz, Ditzingen
Satz: Ulrich Borstelmann, *www.borstelmann.de*
Herstellung: Stefanie Weidner
Umschlaggestaltung: Helmut Kraus, *www.exclam.de*
Druck und Bindung: mediaprint solutions GmbH, 33100 Paderborn

Bibliografische Information der Deutschen Nationalbibliothek
Die Deutsche Nationalbibliothek verzeichnet diese Publikation in der Deutschen Nationalbibliografie; detaillierte bibliografische Daten sind im Internet über *http://dnb.d-nb.de* abrufbar.

ISBN:
Print 978-3-86490-914-6
PDF 978-3-96910-796-6
ePub 978-3-96910-797-3
mobi 978-3-96910-798-0

1. Auflage 2023

Wieblinger Weg 17
69123 Heidelberg

Hinweis:
Dieses Buch wurde auf PEFC-zertifiziertem Papier aus nachhaltiger Waldwirtschaft gedruckt. Der Umwelt zuliebe verzichten wir zusätzlich auf die Einschweißfolie.

Schreiben Sie uns:
Falls Sie Anregungen, Wünsche und Kommentare haben, lassen Sie es uns wissen: *hallo@dpunkt.de.*

5 4 3 2 1 0

Inhaltsverzeichnis

4 Python auf dem Pi 69

5 Arduino und der Pi 87

6 Die grundlegenden Ein- und Ausgänge 99

7 Ein- und Ausgänge mit Python programmieren 119

8 Analoge Ein- und Ausgänge 131

9 Einsatz von Kameras 147

Vorwort

Zehn Jahre.

Es ist jetzt mehr als zehn Jahre her, dass der Raspberry Pi im Jahr 2011 angekündigt wurde. Und was für zehn Jahre das waren. Ein kreditkartengroßer Computer für 35 $? Den ich an meinem vorhandenen Monitor und die Tastatur anschließen kann? Und über GPIO-Pins mit anderen Dingen verbinde? Das klang wie ein frommer Wunsch. Und darum sorgte der Raspberry Pi nach seiner ersten Auslieferung für solche Begeisterung.

Monatelang war die Nachfrage größer als das Angebot und die Warteliste für diese Minicomputer sehr lang. Manche der neuesten (und nicht ganz so neuen) Produkte wie der Pi Zero W und der Pi 4 stehen immer noch nur begrenzt zur Verfügung – es ist schwierig, einen Anbieter zu finden, der mehr als zwei Pi Zeros an einen Kunden verkauft. Aber abgesehen vom Preis: Was ist am Raspberry Pi dran, dass er die Geduld der hardwarehungrigen Massen so sehr strapaziert? Bevor wir uns alles anschauen, was den Raspberry Pi so großartig macht, wollen wir erklären, für wen er gedacht ist.

Eben Upton und seine Kollegen an der University of Cambridge stellten fest, dass die Studenten, die heutzutage Informatik studieren wollen, nicht mehr die Fertigkeiten mitbringen, die in den 1990er Jahren noch verbreitet waren. Sie betrachten sich selbst schon als informatikaffin, wenn sie gerade mal MS Word und Excel nutzen können, vielleicht ein bisschen HTML und eventuell noch JavaScript schreiben.

Upton und seine Kollegen führten das – neben anderen Faktoren – auf den »Aufstieg des Home-PC und der Spielekonsolen zurück, welche die Amigas, BBC Micros, Spectrum ZX und Commodore-64-Maschinen ersetzten, auf denen eine frühere Generation Programmieren gelernt hatte«.[1]

Da der Computer für alle Mitglieder einer Familie wichtig wurde, hielt dies die Jüngeren davon ab, mit ihm herumzuexperimentieren und ein für alle so wichtiges Werkzeug eventuell lahmzulegen. Eltern wollten nicht, dass ihre Kinder den Familien-PC »hacken«, während sie Programmieren lernen, weil er dadurch eventuell kaputtgehen könnte.

Gleichzeitig wurden Prozessoren für Mobiltelefone und Tablets günstiger und leistungsfähiger, was den Weg für den Raspberry Pi als superbilligen, trotzdem aber nutzbaren Computer bahnte. Die ARM-Chip-Familie, die in allen Pi-Boards zum Einsatz kommt, hatte ihren Ursprung in Mobiltelefonen.

Linus Torvalds, Begründer von Linux, hat einmal in einem Interview mit BBC News gesagt, dass es der Raspberry Pi möglich macht, »sich Fehler zu leisten«. Schafft es ein Kind (oder ein Erwachsener), den Pi zu schrotten, kann einfach ein neuer gekauft werden – für viel weniger Geld, als für den Ersatz eines Laptops erforderlich wäre.[2]

Die Raspberry Pi Foundation

Es ist wichtig, darauf hinzuweisen, dass der Raspberry Pi vor allem dazu dient, die karitative Mission der Raspberry Pi Foundation voranzubringen. Diese Mission besteht darin, »die Möglichkeiten des Computings und des digitalen Makings in die Hände der Menschen auf der ganzen Welt zu legen«. Die Raspberry Pi Foundation hofft, dass die Leute – vor allem Kinder – lernen, wie man programmiert, wie Computer funktionieren und wie man dafür sorgt, dass Dinge mit Computern zusammenarbeiten.

1 »About us«, Raspberry Pi Foundation (*www.raspberry.org/about*).

2 Leo Kelion, »Linus Torvalds: Linux Succeeded Thanks to Selfishness and Trust«, BBC News, 12. Juni 2012.

Mit jedem Raspberry Pi, den Sie kaufen, bezahlen Sie nicht nur die Kosten für Hardware, Umsetzung und die Ingenieursleistungen, die dahinterstehen, sondern Sie unterstützen auch die freien Online-Ressourcen, kostenlose Trainings für Lehrpersonal und spezielle Programme, die die Raspberry Pi Foundation anbietet, um ihre karitative Mission voranzubringen.

Wie Sie in diesem Buch lernen werden, ist der Raspberry Pi eine ausgezeichnete Unterstützung beim Lernen, aber er ist auch ein sehr leistungsfähiges Werkzeug. Und obwohl der eigentliche Zweck des Boards in der Bildung liegt, finden wir, dass er auch in kommerziellen und gewerblichen Anwendungen nützlich sein kann. Firmen verwenden ihn für Sensornetzwerke, Remote Monitoring und für die Entwicklung von Produktprototypen. Auch wenn der Raspberry Pi für Kinder großartig ist, sollten Sie immer daran denken, dass es sich um einen echten Computer handelt. Es ist kein Spielzeug und auch kein extra in seiner Leistung beschränktes Gerät.

Was können Sie mit ihm tun?

Eine der tollen Seiten des Raspberry Pi ist, dass es nicht nur einen Weg gibt, ihn einzusetzen. Ob Sie mit ihm nur Videos ansehen oder im Internet surfen wollen oder ob Sie mit ihm hacken, lernen und basteln wollen – der Raspberry Pi ist eine flexible Plattform, mit der man Spaß haben kann, die nützlich ist und die ein Experimentierumfeld bietet. Hier nur ein paar der Möglichkeiten, den Raspberry Pi einzusetzen:

Ein universell einsetzbarer Computer

Denken Sie daran: Der Raspberry Pi ist ein Computer, den Sie tatsächlich auch als Computer benutzen können. Der Pi in Version 4.0 (aktuell das neueste Release) mit 8 GB RAM und zwei HDMI-Output-Anschlüssen, die 4K bei 60fps unterstützen, ist so leistungsfähig, dass er die meisten normal eingesetzten Desktop-Computer ersetzen könnte. Nachdem Sie ihn in Kapitel 1 zum Laufen gebracht haben, können Sie einen Webbrowser starten, um auf E-Mails, Nachrichten und soziale Netzwerke zuzugreifen – was heutzutage ein häufiger Einsatzzweck für Computer ist.

Aber abgesehen vom Webzugriff können Sie die freie LibreOffice-Suite nutzen (*www.libreoffice.org*), mit der sich Dokumente und Tabellenblätter auch ohne Internetverbindung bearbeiten lassen.

Programmieren lernen

Da der Raspberry Pi als Lernwerkzeug gedacht ist, mit dem Kinder dafür begeistert werden sollen, mit Computern zu experimentieren, enthält er bereits Interpreter und Compiler für viele verschiedene Programmiersprachen. Wollen Sie direkt Code schreiben, können Sie mit der Programmiersprache Python einsteigen. Ihre Grundlagen erklären wir in Kapitel 4. Aber Sie sind nicht auf Python beschränkt: Sie können Programme für Ihren Raspberry Pi in Sprachen wie C, Ruby, Java oder Perl schreiben.

Alle neueren Versionen des Raspberry Pi OS bringen schon ein vorinstalliertes Scratch mit – eine Programmierumgebung, die dazu gedacht ist, jüngere Anwender mit den Konzepten des Programmierens vertraut zu machen. Es gibt sogar eine Programmiersprache und Entwicklungsumgebung namens Sonic Pi, mit der sich Musik machen lässt.

Projektplattform

Der Raspberry Pi unterscheidet sich von einem normalen Computer nicht nur in seinem Preis und seiner Größe, sondern auch, weil er gut mit Elektronikprojekten zusammen nutzbar ist, beispielsweise bei einer Smarthome-Installation. Ab Kapitel 6 werden wir Ihnen zeigen, wie Sie den Raspberry Pi nutzen, um Komponenten zu steuern – von LEDs bis hin zum Schalten von größeren Geräten –, und Sie werden lernen, wie Sie den Status von Tastern und Schaltern auslesen können.

Produkt-Prototyping

Bei immer mehr Elektronikprodukten kommen Linux-Computer zum Einsatz, und nun ist die Welt des eingebetteten oder *Embedded Linux* besser verfügbar als jemals zuvor. Wenn Sie mit Ihrem Raspberry Pi an einem tollen Produkt arbeiten, das für den täglichen Gebrauch gedacht ist, können Sie das *Raspberry Pi Compute Module* (eine kleinere Version des Boards, auf die wir später noch zurückkommen werden) benutzen, um ein Produkt mit einem Raspberry Pi als Kern zu entwickeln. Firmen können auch die kleineren Pi-Versionen wie den Zero oder den Zero W für Produkte und Prototypen verwenden, bei denen ein »richtiger« Pi zu groß oder zu teuer wäre.

Raspberry Pi für Maker

Als Maker können wir aus einer ganzen Reihe von Plattformen auswählen, wenn wir technologiebasierte Projekte bauen wollen. Entwicklerboards mit Mikrocontroller wie der Arduino (und der neue Raspberry Pi Pico RP2040) waren lange beliebt, da man sehr leicht mit ihnen arbeiten kann. Aber *System-on-a-Chip*-Plattformen wie der Raspberry Pi unterscheiden sich von den klassischen Mikrocontrollern in vielerlei Hinsicht. Es ist ein häufiges Missverständnis, dass der Pi und ein Mikrocontroller untereinander austauschbar wären – tatsächlich handelt es sich um völlig unterschiedliche Geräte, die völlig unterschiedliche Funktionen erfüllen. Der Raspberry Pi ist ein Computer – so wie Ihr Desktop-PC –, während es sich beim Arduino um einen Mikrocontroller handelt, dessen Aufgabe es nicht ist, einen Dell oder einen iMac zu ersetzen.

Wir wollen damit nicht sagen, dass ein Raspberry Pi *besser* ist als ein klassischer Mikrocontroller – er ist nur anders. Wollen Sie zum Beispiel ein einfaches Thermostat bauen, fahren Sie aus Gründen der Einfachheit vermutlich besser mit einem Arduino Uno oder einem ähnlichen Mikrocontroller. Aber wenn Sie per Web aus der Ferne auf das Thermostat zugreifen wollen, um seine Einstellungen zu ändern und die Log-Dateien mit den Temperaturdaten herunterzuladen, sollten Sie eher darüber nachdenken, einen Raspberry Pi einzusetzen.

Die richtige Wahl hängt sehr von den Anforderungen Ihres Projekts ab, und tatsächlich müssen Sie sich auch gar nicht für einen von beiden entscheiden. In Kapitel 5 zeigen wir Ihnen, wie Sie den Raspberry Pi benutzen können, um den Arduino zu programmieren, und wie beide miteinander kommunizieren. Viele Projekte – von Hobby-Makern ebenso wie von professionellen Ingenieuren – benötigen sowohl eine Steuerungs-CPU wie den Pi als auch einen Mikrocontroller wie den Arduino.

Mit Hilfe dieses Buches werden Sie ein besseres Verständnis für die Stärken des Raspberry Pi und seine Einsatzmöglichkeiten für Maker erhalten.

Das ist noch nicht alles!

So viel, wie Sie mit dem Raspberry Pi anstellen können – das lässt sich gar nicht alles in einem Buch unterbringen. Hier zum Beispiel noch eine Liste mit weiteren Einsatzmöglichkeiten, die sich mit einem Pi recht leicht umsetzen lassen:

Media Center

Da der Raspberry Pi HDMI-Ausgänge besitzt (und Composite Video in der 3,5-mm-AV-Buchse), lässt er sich einfach an nahezu jeden modernen Fernseher anschließen. Wie schon erwähnt besitzt er auch ausreichend CPU-Leistung, um Videos im Vollbild in 1080p oder sogar mit 4K-Auflösung abzuspielen. Es scheint sich also anzubieten, diese Fähigkeiten zu nutzen und den Pi zu einem Medienserver zu machen. Sie können darauf den Plex Media Service laufen lassen und Betriebssysteme für Media Player installieren, wie zum Beispiel ELEC (*openelec.tv*) oder OSMC (*osmc.tv*). Diese Systeme können sehr viele verschiedene Medienformate abspielen und sind so entworfen, dass sie sich auf einem großen Fernseher gut bedienen lassen.

»Bare Metal« Computer-Hacking

Die meisten Leute, die Computerprogramme schreiben, schreiben Code, der innerhalb eines Betriebssystems läuft, wie zum Beispiel Windows, macOS oder Linux. Aber es ist auch möglich, Code zu schreiben, der ohne ein Betriebssystem direkt auf dem Prozessor läuft, ähnlich einem Mikroprozessor, oder in einer anderen Art von Betriebssystem – einem Realtime-Betriebssystem wie FreeRTOS. Das ist zwar nichts für Einsteiger, aber Sie können solche Programme auf dem Pi schreiben und ausführen oder sogar Ihr eigenes Betriebssystem schreiben! Die University of Cambridge hat einen kostenlosen Online-Kurs (*bit.ly/1BW2e3C*) veröffentlicht, in dem Sie Schritt für Schritt erfahren, wie Sie Ihr eigenes Betriebssystem erstellen. Der Kurs ist allerdings mittlerweile ein wenig veraltet und nicht mehr für neuere Versionen des Pi angepasst worden.

Retro Gaming

Sind Sie ein Retro Gamer, der die gute alte Zeit mit Super Mario Bros., Joust, Galaga und anderen Spielen vermisst, können Sie den RetroPie (*retropie.org.uk*) als Plattform zum Emulieren vieler der älteren Spieleumgebungen wie Nintendo oder Atari einsetzen. Sie können Aftermarket-Addons für den Pi (namens HATs) verwenden, um auch Joysticks anzuschließen.

Linux und Raspberry Pi

Auf einem klassischen Computer läuft ein Betriebssystem, wie zum Beispiel Windows, macOS oder Linux. Es dient Ihnen zum Interagieren mit den Anwendungen und Programmen, die auf dem Computer laufen, und man kann sagen, dass es wie ein »Puffer« zwischen den Anwendern oder Programmierern und der Hardware agiert – Sie müssen zum Beispiel nicht alle Einzelheiten des TCP/IP-Protokolls oder des Ethernet-Chips kennen, um einen Webbrowser zu programmieren oder einzusetzen.

Der Pi ist da nicht anders. Auf ihm läuft eine Variante von Linux namens Raspberry Pi OS. Es ist eine auf Debian basierende Distribution, und wenn Sie schon einmal mit Debian oder Ubuntu gearbeitet haben, wird Ihnen das Betriebssystem des Pi sehr vertraut vorkommen. Es passt sehr gut zum Pi, weil es kostenlos ist, sich leicht bedienen lässt und man zudem damit hacken kann.

Sie sind aber nicht auf das Pi OS beschränkt. Es gibt auch andere Distributionen, die Sie auf den Pi laden können, wie zum Beispiel Ubuntu, aber auch manche Nicht-Linux-Systeme wie Windows 10 Core oder sogar Android. In Kapitel 3 stellen wir Ihnen die möglichen Optionen vor. In diesem Buch nutze ich mit Raspberry Pi OS den Standard von der Download-Seite der Pi Foundation (*www.raspberrypi.org/software*), der eine gute Grundlage liefert. Und wenn Sie nicht mit Linux vertraut sind, lesen Sie sich Kapitel 2 durch, um eine kurze Einführung in dieses überraschend leicht nutzbare Betriebssystem zu erhalten.

Was andere mit dem Raspberry Pi gemacht haben

Wenn Sie nun einen Pi haben und nicht wissen, was Sie damit machen sollen, sei Ihnen geholfen. Es gibt so viele Projekte, die Sie mit dem Pi umsetzen könnten, dass es verrückt wäre, nur ein paar davon vorzustellen. Ernsthaft, wenn Sie auch nur annähernd eine Idee haben, was Sie mit ihm anstellen könnten, ist die Wahrscheinlichkeit groß, dass das auch schon jemand anderes gemacht hat – sei es eine Wetterstation, ein Rover für fremde Planeten, ein Spielautomat oder sogar ein Supercomputer-Cluster. Aber lassen Sie sich nicht davon einschüchtern, dass Sie nicht der Erste sind. Freuen Sie sich darüber, dass es so eine große Community rund um den Pi und seine Projekte gibt, die unterstützen kann. Egal, was Sie mit ihm machen wollen – Sie tragen zu einem unfassbar vielfältigen Ökosystem bei.

In diesem Buch genutzte Konventionen

Die folgenden typografischen Konventionen werden in diesem Buch verwendet:

Kursiv
Steht für neue Begriffe, URLs, E-Mail-Adressen, Dateinamen und Dateierweiterungen.

`Feste Breite`
Programmlistings und Programmelemente im Fließtext, zum Beispiel Variablen oder Funktionsnamen, Datenbanken, Datentypen, Umgebungsvariablen, Anweisungen und Schlüsselwörter.

`Feste Breite Fettdruck`
Befehle oder anderer Text, der genau so vom Anwender eingegeben werden sollte.

`Feste Breite kursiv`
Text, der vom Anwender durch eigene Werte ersetzt werden sollte.

Dieses Element steht für einen Tipp oder einen Vorschlag.

Dieses Element steht für eine allgemeine Anmerkung.

Dieses Element steht für eine Warnung oder Vorsichtsmaßnahme.

Danksagung

Ich möchte mich bei ein paar Leuten bedanken, die zu dieser Auflage von *Raspberry Pi – dein Einstieg* beigetragen haben:

Vor allem bedanke ich mich bei den Originalautoren – Matt Richardson und Shawn Wallace. Ihr Buch war (und ist immer noch) eine ausgezeichnete Einführung in diesen kleinen Computer, und ich fühle mich geehrt, meine Gedanken und Ideen beitragen zu können.

Und natürlich bedanke ich mich bei Patrick Di Justo und dem Rest des neuen Make:-Teams, die an mich dachten, als es daranging, das Buch erneut zu aktualisieren.

Materialliste

Dies sind die wichtigsten Komponenten, die in diesem Buch zum Einsatz kamen:

- Raspberry Pi (offensichtlich)
- Raspberry Pi Pico
- MicroSD-Karte (mindestens 8 GB)
- Stromversorgung (3A oder möglichst mehr)
- HDMI-Kabel
- HDMI-Micro
- HDMI-Adapter
- Maus
- Tastatur
- Webcam und/oder Pi Camera Module
- USB-Hub mit Stromversorgung, entweder 2.0 oder 3.0
- Pi-Gehäuse
- Arduino (egal welcher)
- Steckplatinen
- eine Reihe von Drahtbrücken
- eine Auswahl an LEDs
- Taster
- Widerstände
- PowerSwitch Tail
- IIADS1115 oder ADS1015 ADC Board
- Potentiometer
- druckempfindlicher Widerstand
- Fotozelle (lichtempfindlicher Widerstand)

1 Fahrt aufnehmen

Einige Begriffe tauchen immer wieder auf, wenn sich Leute über den Raspberry Pi unterhalten: klein, günstig, hackbar, für die Ausbildung geeignet. Eines ist er aber nicht: aus dem Stand lauffähig. Es ist nicht besonders schwierig, ihn in einen Fernseher einzustöpseln und etwas angezeigt zu bekommen. Aber der Pi ist kein Consumer-Gerät. Abhängig von Ihren Zielen werden Sie eine Reihe von Entscheidungen zur Peripherie und Software Ihres Raspberry Pi treffen müssen.

Natürlich brauchen Sie als Allererstes den Raspberry Pi selbst. Wahrscheinlich haben Sie jetzt schon einen, aber wenn nicht, erhalten Sie ihn bei einer ganzen Reihe von Online-Händlern, selbst beim guten alten Amazon.

Der niedrige Preis des Raspberry Pi ist offensichtlich ein wichtiger Teil seiner Geschichte. Dass die Öffentlichkeit direkt zu einem Lieferanten gehen und eine kleine Anzahl an Computern zum gleichen Preis wie ein Wiederverkäufer bekommen kann, ist eine ungewöhnliche Vereinbarung. Viele potenzielle Wiederverkäufer waren von der ersten Ankündigung der Preisempfehlung verwirrt – wie sollten sie damit Profit machen? Darum werden Sie durchaus auf Händler treffen (insbesondere auf Amazon und eBay), die einen etwas höheren Preis für die Pi-Modelle ansetzen. Manche der Händler, wie zum Beispiel Adafruit oder Sparkfun, bieten einen ganzen Reigen von Zubehör für den Pi an, unter anderem HATs (Addon-Boards, mit denen sich der Pi um bestimmte Funktionen erweitern lässt), LCD- und Touchscreens und diverse Gehäuse. Auch wenn der Preis bei diesen Händlern etwas höher ist, lohnt es sich (meiner Meinung nach), durch die Addons zu stöbern, die auf diesem Weg normalen Hobby-Makern zur Verfügung stehen.

Damit genug vom Thema Schnäppchenjagd – schauen wir uns das Board des Raspberry Pi genauer an.

Die Boards im Überblick

Es gab bisher schon eine ganze Reihe verschiedener Versionen des Raspberry-Pi-Boards. Die erste Version war das Raspberry Pi 1 Model B, auf das das einfachere und preiswertere Model A folgte. 2014 kündigte die Raspberry Pi Foundation eine erhebliche Überarbeitung (und Verbesserung) des Designs des Pi-Boards an: das Model B+. Dieses Model B+ definiert für die absehbare Zukunft den Formfaktor für die »normalen« Pis. Die Raspberry Pi Foundation hat außerdem eine Version mit dem Namen Compute Module entwickelt, mit der der Pi in Produkte eingebunden werden kann. Im Jahr 2015 wurde zudem ein eingedampftes Modell namens Raspberry Pi Zero für fünf Dollar veröffentlicht, gefolgt von einer Version für drahtlose Kommunikation namens Raspberry Pi Zero W. Im Februar 2016 wurde das Raspberry Pi 3 Model B online gestellt, dann das Model 3B+. Aktuell ist das neueste Board der Raspberry Pi 4B, das noch mal deutlich mehr Möglichkeiten bietet. Es gibt drei verschiedene Modelle des 4B – abhängig davon, wie viel RAM Sie nutzen wollen: Das 2 GB-Modell kostete ursprünglich 35 $ (der gleiche Preis wie der erste Pi), zur Zeit der Drucklegung ist er für etwa 60 Euro zu haben. Lieferschwierigkeiten und hohe Nachfrage haben die Preise 2022 ansteigen lassen. Das Modell mit 4 GB kostet ab 70 Euro und das mit 8 GB (das neueste Modell) 95 Euro. Das mag für einen Pi ein wenig hoch erscheinen, aber wenn Sie bedenken, dass Sie damit im Prinzip einen normalen Desktop-PC ersetzen könnten, sind 95 Euro ein Schnäppchen.

Im Laufe der Jahre gab es eine Reihe von unterschiedlichen Versionen des normalen Raspberry Pi – also von dem einfachsten Modell mit vier USB-Anschlüssen, das bei den meisten Leuten zum Einsatz kommt. Jedes dieser Modelle besaß einen jeweils performanteren Prozessor. Mit dem Raspberry Pi 2 kam mehr RAM dazu, mit dem Raspberry Pi 3 Onboard-WLAN und Bluetooth, und der Pi 4 hat noch mal RAM draufgelegt und ermöglicht eine bessere Anzeige, zudem gibt es hier USB 3.0.

Wollen Sie die Beispiele in diesem Buch nachbauen, sind alle diese Standard-Pis ausreichend.

Abb. 1–1 Raspberry Pi 2, 3 und 4 (Model B), von oben links nach unten

Lassen Sie uns kurz aufzählen, was Sie im Karton mit dem Raspberry Pi finden.

Man macht es sich zu einfach, wenn man den Raspberry Pi als ein Mikrocontroller-Entwicklungsboard wie den Arduino oder als Laptop-Ersatz ansieht. Tatsächlich handelt es sich eher um die Innereien eines mobilen Geräts mit vielen bastlerfreundlichen Anschlussmöglichkeiten für die verschiedenen Ports und Funktionen. In Abb. 1–2 sehen Sie alle unten beschriebenen Teile des Boards.

Abb. 1–2 Die Hardwareschnittstellen des Raspberry Pi

Im Folgenden finden Sie eine Beschreibung jeder einzelnen Komponente:

A. Der Prozessor

Das Herz des Raspberry Pi enthält den gleichen Prozessortyp wie ein Mobiltelefon. Bei einem Raspberry Pi 4 handelt es sich um ein 64-Bit-System mit vier Kernen und 1,5 GHz, basierend auf der ARM-A72-Architektur. ARM-Chips gibt es in verschiedenen Architekturen mit unterschiedlich vielen Cores konfiguriert, um eine Reihe verschiedener Leistungsebenen (und Preisstufen) anzusprechen. Der Raspberry Pi 1 besaß 512 MB RAM, die Raspberry Pi 2 und 3 jeweils 1 GB. Den Pi 4 gibt es (wie schon erwähnt) mit 2, 4 oder 8 GB RAM.

B. Ausgänge für Composite Video und analoge Audiosignale

Es stehen Ausgänge für analoge Audio- und Videosignale auf einem standardmäßigen 4-poligen 3,5-mm-Stecker zur Verfügung. A/V-RCA-Adapterkabel, die in die 3,5-mm-Buchse Ihres Pi passen, finden Sie bei vielen Anbietern.

C. Status-LEDs

Zwei Status-LEDs geben eine visuelle Rückmeldung (siehe Tab. 1–1). Zudem gibt es LEDs für die Netzwerkaktivitäten am Ethernet-Port selbst.

ACT	grün	leuchtet, wenn auf die SD-Karte zugegriffen wird
PWR	rot	verbunden mit dem 3,3-V-Anschluss

Tab. 1–1 Die Status-LEDs

Seit dem Raspberry Pi 3 finden sich die Status-LEDs in der Nähe der MicroUSB-Stromversorgung (siehe Abb. 1–2). Bei älteren Boards finden Sie sie in der Nähe der GPIO-Pins.

D. Externe USB-3.0-Ports

Der Pi 4 besitzt als Neuheit zwei USB-3.0-Ports, die durch ihre blaue Farbe zu erkennen sind (der Farbton heißt Pantone 300C, falls Sie das wissen wollen). USB 3.0 kann nicht nur mehr Leistung für externe Geräte bereitstellen (sofern Sie den Pi selbst auch mit ausreichend Strom versorgen), sondern es ist auch ein zehnfach schnellerer Datentransfer als bei USB 2.0 möglich.

E. Externe USB-2.0-Ports

Bei allen Versionen des Raspberry Pi gibt es mindestens zwei USB-2.0-Ports zum Anschluss von Peripheriegeräten wie Tastatur, Maus, USB-Sticks und Drucker. Über diese Ports lassen sich zwar viele USB-Geräte auch mit Strom versorgen, aber Sie sollten sich überlegen, einen USB-Hub mit eigener Stromversorgung einzusetzen, wenn Sie Peripheriegeräte mit mehr Stromhunger nutzen, wie zum Beispiel eine USB-Festplatte.

F. Ethernet-Port

Dies ist ein Standard-RJ45-Ethernetport mit einer Transferleistung von 1 GBit. Verbinden Sie Ihren Pi darüber mit Ihrem Router, um online gehen zu können. Eine andere Möglichkeit ist eine WLAN-Verbindung – der Dual-Band-WLAN-Chip auf dem Board ist zu den WLAN-Bändern b, g, n und ac kompatibel.

G. Micro-HDMI-Anschluss

Die zwei Micro-HDMI-Ports auf dem Pi 4 ermöglichen jeweils ein 60fps-4K-Videosignal. (Die Leistung kann davon abhängen, wie sehr Sie Ihren Pi auslasten – nur weil die GPU zu dieser Ausgabe in der Lage ist, heißt das nicht, dass sie immer gut aussehen wird).

H. Stromversorgung

Der Pi besitzt keinen Netzschalter. Diese USB-C-Buchse wird genutzt, um die Platine mit Strom zu versorgen (das ist kein zusätzlicher USB-Port, sondern dient nur der Stromversorgung). USB-C wurde gewählt, weil die Buchse günstig ist und USB-Stromversorgungen leicht erhältlich sind. Die Pi Foundation empfiehlt dringend, eine Stromversorgung zu wählen, die 3 A (15 W) liefern kann – insbesondere, wenn Sie auch externe Geräte mit Strom versorgen wollen.

I. MicroSD Card Slot

Auf dem Pi ist kein Festplattenlaufwerk vorhanden. Alles vom Betriebssystem über eingesetzte Programme bis hin zu Daten wird auf einer MicroSD-Karte gespeichert. Der Raspberry Pi 1 und 2 verfügten über einen SD Spring Loaded Slot, bei dem Sie die SD-Karte hineindrücken und auch wieder drücken müssen, um sie herauszubekommen. Beim Raspberry Pi 3 wurde zu einem Friction Fit Slot mit MicroSD gewechselt. Seit diesem Modell schieben Sie die Karte zwar ein, müssen aber an ihr ziehen, um sie wieder zu entfernen. Sie sollten die SD-Karte natürlich nur einfügen oder entfernen, wenn sie den Raspberry Pi von der Stromversorgung getrennt haben.

Abb. 1–3 zeigt alle Input/Output(I/O)- und Stromversorgungs-Pins auf dem Raspberry Pi.

Abb. 1–3 Die Pins und Steckleisten des Raspberry Pi

Hier eine kurze Beschreibung der dargestellten Pins und Steckleisten:

A. General Purpose Input/Output (GPIO) und andere Pins
Die aktuellen Raspberry Pis besitzen eine 2×20-Pin-GPIO-Steckerleiste. In Kapitel 6 und 7 erfahren Sie, wie Sie diese Pins nutzen können, um Taster und Schalter auszulesen und Aktuatoren wie LEDs, Relais oder Motoren zu steuern.

B. Camera-Serial-Interface-Anschluss (CSI)
Über diesen Port kann man ein Kameramodul direkt mit dem Board verbinden (siehe Abb. 1–4).

C. Display-Serial-Interface-Anschluss (DSI)
Hier kann man ein 15-adriges Flachbandkabel anschließen, um mit dem offiziellen Raspberry Pi Touch Display zu kommunizieren.

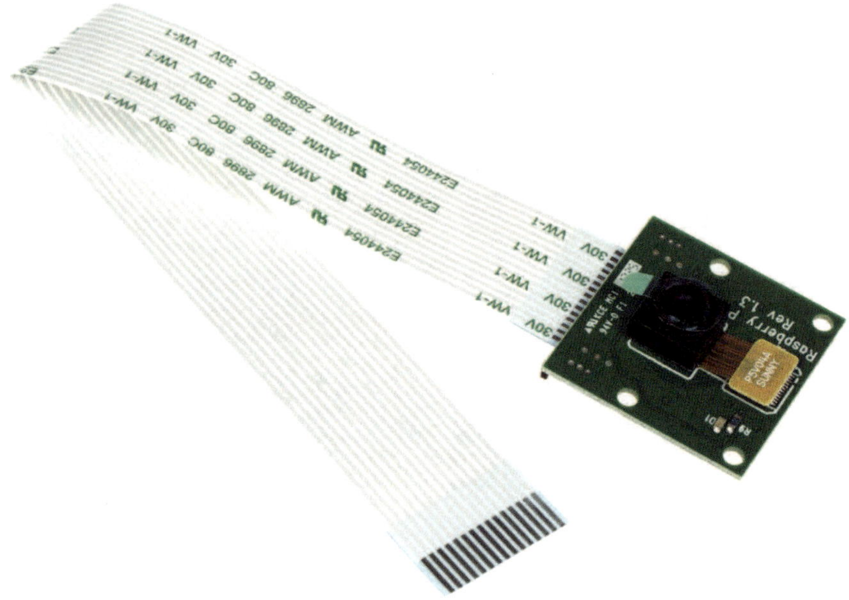

Abb. 1–4 Das Kameramodul des Raspberry Pi kommuniziert direkt über den CSI-Anschluss. In Kapitel 9 sprechen wir ausführlicher über Kameras und den Pi.

Das passende Zubehör

Nachdem Sie nun gelernt haben, wo sich was auf dem Board befindet, müssen Sie noch ein paar Dinge über das passende Zubehör wissen, das Sie mit Ihrem Pi nutzen können. Zur Wahl stehen eine ganze Reihe von Starter Kits, die gut ausgestattet sind. Allerdings sind da auch ein paar Stolperfallen. Auf jeden Fall gibt es eine Liste unterstützter Peripheriegeräte (*elinux.org/RPi_VerifiedPeripherals*) auf dem Wiki *eLinux.org*. Die bedeutendsten sind aber folgende:

Stromversorgung

Dies ist das wichtigste Zubehör für Sie. Für den Raspberry Pi 4 sollten Sie einen USB-C-Adapter nutzen, der 5 V und mindestens 3000 mA (3 A) liefern kann. Verwenden Sie einen Pi 3/B+, brauchen Sie einen Micro-USB-Adapter, der 5 V und mindestens 1,5 A bereitstellt. Ältere Pis benötigen nur 1000 mA (1 A). Ein Ladegerät für ein Mobiltelefon reicht hier nicht unbedingt aus, auch wenn der Stecker eventuell passen sollte.

Viele solche Ladegeräte liefern nicht ausreichend Strom, werfen Sie daher im Zweifelsfall einen Blick auf seine Angaben. Ein Pi, der mit zu wenig Strom versorgt wird, scheint meist noch zu laufen, ist aber instabil und liefert unvorhersehbare Fehler. Neuere Versionen des Pi werden zudem eine Fehlermeldung auf dem Desktop ausgeben: »Under voltage detected!« Im Zweifel nutzen Sie die offizielle Stromversorgung des Raspberry Pi, die fast immer auch dort erhältlich ist, wo Sie Raspberry Pis kaufen können.

Es stehen außerdem zahlreiche Batteriesatz-Lösungen für den Pi zur Verfügung, mit denen Sie ihn auch unterwegs betreiben können. Hier gelten jeweils dieselben Regeln bezüglich Spannung und Strom.

Bei der aktuellen Version des Boards ist es möglich, den Pi über einen USB-Hub mit Strom zu versorgen, der diesen über einen der zwei externen USB-Ports einspeist. Aber es gibt keinen allzu guten Schutz gegen Kurzschlüsse, daher mag das nicht die allerbeste Idee sein. Das gilt insbesondere dann, wenn Sie elektronische Prototypen entwerfen, bei denen Sie unabsichtlich Kurzschlüsse verursachen, die sehr viel Strom ziehen.

Eine MicroSD-Karte

Sie brauchen mindestens 8 GB, und es sollte eine Class-10-Karte sein, um eine möglichst gute Lese- und Schreibleistung zu erhalten. Es gibt Betriebssysteme, die auf SD-Karten mit weniger als 8 GB passen, aber die Standardinstallation des Raspberry Pi OS erfordert mindestens eine 8-GB-MicroSD-Karte.

USB-Tastatur und Maus

Das sind hilfreiche Accessoires, um Ihren Computer zu steuern. Die Anforderungen an dieses Zubehör sind recht generisch, daher müssen Sie gar nichts Besonderes anschaffen.

Ein HDMI-Kabel

Für die Verbindung mit einem Monitor benötigen Sie solch ein Kabel oder einen passenden Adapter für einen DVI-Monitor. Nutzen Sie einen Pi 4, brauchen Sie entweder ein HDMI/HDMI-Micro-Kabel oder einen passenden Adapter. Sie können den Pi auch ohne Display laufen lassen (siehe weiter unten). HDMI-Kabel gibt es in einer sehr großen Preisspanne. Wenn das Kabel zum Monitor nur ein bis zwei Meter lang sein muss, müssen Sie nicht mehr als 5 Euro dafür ausgeben. Bei längeren Kabeln oder wenn Sie eine 4K-Ausgabe nutzen wollen, sollten Sie auf jeden Fall ein qualitativ hochwertiges nehmen und die günstigen No-Name-Dinger umgehen.

Ethernet-Kabel

Bei Ihnen zu Hause gibt es vermutlich längst nicht mehr so viele Ethernet-Buchsen wie noch vor fünf Jahren – mittlerweile ist doch vieles schon drahtlos. Daher nervt Sie der kabelgebundene Anschluss vielleicht ein wenig. Im Abschnitt »Online gehen« (S. 31) finden Sie ein paar Alternativen zum direkt mit einem Hub oder einer Netzwerkdose verbundenen Ethernet-Kabel aufgeführt.

WiFi-USB-Stick

Nutzen Sie einen der älteren Pis, wollen Sie vielleicht einen WiFi-USB-Stick für eine drahtlose Kommunikation anstecken. Viele Sticks vom Typ 802.11 arbeiten direkt mit dem Pi zusammen. WiFi verbraucht sehr viel Strom, sodass Sie sicherstellen müssen, dass Sie auch über eine adäquate Stromversorgung verfügen – eine 2-A-Stromversorgung oder ein USB-Hub mit externer Spannungsversorgung ist eine gute Wahl. Wenn Sie Probleme mit dem WiFi-Adapter haben, liegt es so gut wie immer an der Stromversorgung.

Denken Sie auch über folgende Ergänzungen nach:

Ein USB-Hub mit Stromversorgung

Wollen Sie mehr als vier USB-Geräte an einen Standard-Raspberry-Pi anschließen, brauchen Sie einen USB-Hub. Es wird ein USB-2.0-Hub empfohlen (oder 3.0 für den Pi 4).

Kühlkörper

Ein Kühlkörper ist ein kleines Stück Metall, oft mit Lamellen, um eine große Oberfläche zu erhalten und die Wärme besser ableiten zu können. Kühlkörper lassen sich an Chips anbringen, die heiß werden. Das Chipset des Pi ist für einen mobilen Einsatz entworfen, daher ist meist kein Kühlkörper nötig. Aber wie wir später noch sehen werden, gibt es Fälle, in denen Sie den Pi mit einer höheren Geschwindigkeit laufen oder über längere Zeit intensiv rechnen lassen wollen. Dann erhitzt sich der Chip etwas. Manche Leute haben berichtet, dass sich auch der Netzwerk-Chip erwärmen kann.

Echtzeituhr
Eventuell wollen Sie einen Echtzeituhr-Chip einsetzen (wie den DS1307), um korrekte Zeiten zu protokollieren, wenn der Pi offline ist. Das ist auch erforderlich, wenn Sie mit einem Realtime-Betriebssystem auf dem Pi experimentieren wollen.

Kameramodul
Für den Raspberry Pi steht als offizielles Peripheriegerät ein Kameramodul zu einem Preis von 25 Euro zur Verfügung. Die Version 2 der Kamera nutzt einen 8-MP-Bildsensor und kann 1080p-Videos aufnehmen, während die neueste Version einen 12-MP-Sensor besitzt. Es gibt auch ein Infrarotkamera-Modell – mit ein paar Infrarot-LEDs zum »Ausleuchten« der Szenerie können Sie Bilder in völliger Dunkelheit aufnehmen. Auch lässt sich eine USB-Webcam einsetzen (mehr dazu in Kapitel 9).

LCD
Viele LCDs lassen sich mit ein paar Verbindungen zur GPIO-Steckerleiste anschließen. Besorgen Sie sich ein TFT-(Thin-Film-Transistor-)Display, das mittels der SPI-(Serial-Peripheral-Interface-)Pins auf der Steckleiste mit dem Pi verbunden werden kann. Die Raspberry Pi Foundation bietet auch ein Touch-Display an, das über die DSI-Schnittstelle des Raspberry Pi verbunden wird.

Soundkarten
Möglicherweise wird die integrierte Funktionalität für analoge Audiosignale für viele Ihrer Projekte ungeeignet sein. Wenn Sie eine hohe Qualität bei der Ausgabe (und dem Eingang) von Audiosignalen beim Pi wünschen, benötigen Sie eine Soundkarte. Auch viele USB-Soundkarten lassen sich gut mit dem Pi verwenden: Die U-Control-Geräte von Behringer sind eine gängige und kostengünstige Option.

Laptop-Dock

Einige Leute haben Laptop-Docks angepasst, die für Mobiltelefone gedacht sind (z. B. das Atrix Lapdock), um als Anzeige und Halter für den Raspberry Pi zu dienen. Manche Firmen wie Pi-Top bauen ein Laptop-ähnliches Gerät speziell für den Raspberry Pi. (Aktuell ist auch der Raspberry Pi 400 verfügbar, bei dem es sich um einen Pi in Laptop-Form handelt. Dieses Design ist meiner Meinung nach perfekt für ein Laptop-Dock geeignet.)

HATs

Zahlreiche Anbieter und Open-Hardware-Entwickler haben Addon-Tochter-Boards herausgegeben, die auf dem Pi sitzen und über die GPIO-Steckleiste verbunden sind. Mit diesen Boards werden Funktionen wie das Betreiben von LCD-Anzeigen oder Motoren sowie das Verarbeiten analoger Eingangssignale von entsprechenden Sensoren ermöglicht. Wenn Sie mit der Arduino-Technologie vertraut sind, würden Sie sie vielleicht als »Shields« bezeichnen, aber die Raspberry Pi Foundation nennt sie HATs (Hardware Attached on Top, siehe auch Abb. 1–5). Die vollständige Spezifikation finden Sie auf der GitHub-Seite der Raspberry Pi Foundation (*github.com/raspberrypi/hats*).

Abb. 1–5 Das Sense-HAT-Addon enthält eine LED-Matrix, eine Reihe von Sensoren und einen Joystick-Anschluss. Es wurde für die Raspberry Pis entworfen, die zur International Space Station geschickt wurden.

So hat beispielsweise die Raspberry Pi Foundation ein HAT namens Sense HAT gebaut, das eine RGB-LED-Matrix, Sensoren für Temperatur, Druck und Luftfeuchtigkeit, einen Beschleunigungssensor, ein Gyroskop und ein Magnetometer enthält. Zudem gibt es einen Joystick mit fünf Positionen. Dieses HAT wurde für die Raspberry Pis entworfen, die als Teil des AstroPi-Programms der Foundation zur International Space Station geschickt wurden.

Das Gehäuse

Sie werden sehr bald ein Gehäuse für Ihren Raspberry Pi haben wollen. Die steifen Kabel auf allen Seiten sorgen dafür, dass das Board nur schwer flach hinzulegen ist, und manche Komponenten (wie zum Beispiel der SD-Kartenslot) können schon beim normalen Einsatz mechanisch beschädigt werden.

Es gibt eine ganze Reihe fertiger Gehäuse, aber auch Gehäusedesigns, die man sich herunterladen und mit einem Laser-Cutter oder einem 3D-Drucker selbst herstellen kann. Vermeiden Sie am besten Gehäuse, bei denen bruchempfindliches Acrylglas rechtwinklig zusammengesetzt ist. Das Schichtsystem von Pibow (*shop.pimoroni.com/?q=pibow*) ist da eine farbenfrohe Alternative (Abb. 1–6).

Abb. 1–6 Das farbenfrohe Pibow-Gehäuse von Pimoroni

Die Raspberry Pi Foundation bietet auch ein offizielles Gehäuse in einem schicken Spritzgussdesign an. Es lassen sich mehrere Teile entfernen, um Zugriff auf die GPIO-Pins und andere Komponenten zu bekommen (Abb. 1–7).

Abb. 1–7 Bei offiziellen Gehäusen für den Raspberry Pi können Sie den Deckel und Seitenwände entfernen, um die verschiedenen Bereiche des Boards zu erreichen.

Wir brauchen es vermutlich nicht wirklich zu erwähnen, aber es ist einer der offensichtlichen Fehler, die einem gelegentlich widerfahren: Legen Sie Ihren Raspberry Pi nicht auf eine leitende Oberfläche. Drehen Sie das Board einmal um und schauen Sie sich den Boden an – es gibt hier eine ganze Reihe von Komponenten und viele Lötstellen, die sich problemlos kurzschließen lassen. Dies ist ein weiterer Grund, warum Sie Ihrem Pi ein Gehäuse spendieren sollten!

Wählen Sie eine Distribution aus

Der Raspberry Pi verwendet Linux als Betriebssystem. Technisch gesehen ist Linux nur der Kernel, aber ein Betriebssystem ist mehr als das: Es handelt sich um eine Zusammenstellung von Treibern, Diensten und Anwendungen. Im Laufe der Jahre wurde eine ganze Reihe von Linux-

Distributionen oder -Variationen entwickelt. Einige der bekanntesten auf Desktop-Computern sind Ubuntu, Debian, Fedora und Arch. Jede hat ihre eigene Anwender-Community und ist für bestimmte Programme besonders gut geeignet.

Da der Pi auf einem Chipset für mobile Geräte aufbaut, hat er andere Anforderungen an die Software als ein Desktop-Computer. Der Broadcom-Prozessor besitzt ein paar spezielle Eigenschaften, die besondere »Binary Blob«-Gerätetreiber erfordern. Dazu kommt Code, der sich so nicht in einer Standard-Linux-Distribution findet. Und während die meisten Desktop-Computer über Gigabytes an RAM-Bereich und hunderte Gigabyte Festplattenplatz verfügen, ist der Pi in beidem beschränkt (auch wenn die 8 GB RAM des Pi 4 durchaus mit dem von günstigeren Desktop-Computern mithalten können). Daher wurden spezielle Linux-Distributionen entwickelt, die den Pi als Zielplattform haben.

In diesem Buch werden wir uns auf die »offiziell empfohlene« Raspberry-Pi-OS-Distribution der Foundation, die auf Debian basiert, konzentrieren. Beachten Sie, dass *raspbian.org* weiterhin existiert, aber nicht mit dem Raspberry Pi OS in Verbindung zu stehen scheint. Es ist eine Community-Site, die nicht von der Foundation betrieben wird. Wenn Sie nach der offiziellen Distribution suchen, schauen Sie bei der Downloads-Seite der Raspberry Pi Foundation (*raspberrypi.org*) vorbei. Weitere spezielle Distributionen werden in Kapitel 3 vorgestellt.

Die SD-Karte flashen

Viele Händler verkaufen SD-Karten mit einem vorinstallierten Betriebssystem. Das ist für manche vielleicht die beste Einstiegsmöglichkeit. Auch wenn nicht das neueste Release darauf zu finden ist, können Sie leicht upgraden, sobald der Pi einmal gestartet wurde und mit dem Internet verbunden ist.

Der einfachste Weg, das Betriebssystem auf eine SD-Karte zu kopieren, ist die Nutzung des NOOBS-Tools. NOOBS steht für New Out Of the Box Software. Es handelt sich um ein Konfigurationstool, mit dessen Hilfe sich das Betriebssystem installieren lässt.

Sie benötigen eine SD-Karte (mindestens 8 GB) und ein entsprechendes Lesegerät. Führen Sie dann die nachfolgenden Schritte durch. Wenn Sie den Pi booten, sehen Sie einen Konfigurationsbildschirm mit einigen Optionen für das Betriebssystem. Wählen Sie Raspberry Pi OS, klicken Sie auf die Schaltfläche »Install«. Das ist alles, was Sie tun müssen!

Für fortgeschrittene Nutzer: Erstellen Sie Ihr eigenes Disk Image

Zuerst müssen Sie eine der Distributionen von der Downloads-Seite der Raspberry Pi Foundation (*www.raspberrypi.org/downloads*) oder von einer der in Kapitel 3 aufgeführten Seiten herunterladen. Beachten Sie, dass Sie das Disk Image nicht einfach auf die SD-Karte ziehen können – Sie müssen eine bitweise Kopie des Images vornehmen. Dazu brauchen Sie einen Kartenleser (ein ganz billiger reicht) und ein Disk-Image-Tool. Die notwendigen Schritte sind je nach Betriebssystem unterschiedlich. Entpacken Sie die Image-Datei (Sie sollten dann eine *.img*-Datei besitzen) und folgen Sie den Anweisungen aus Kapitel 11.

Schnellere Downloads mit BitTorrent

Sie werden auf der Download-Site einen Hinweis sehen, möglichst eine Torrent-Datei zu benutzen, um das Raspberry Pi OS so effizient wie möglich herunterzuladen. Die Torrent-Datei ist ein dezentralisierter Weg, Dateien verteilt vorzuhalten. Das Herunterladen kann deutlich schneller geschehen, weil Sie immer nur Teile der Datei von vielen verschiedenen Torrent-Clients holen statt von einem zentralen Server. Wollen Sie diesen Weg gehen, benötigen Sie einen BitTorrent-Client.

Ein paar beliebte BitTorrent-Clients sind:

Vuze (*www.vuze.com*)
Integrierte Torrent-Suche und Download

Miro (*www.getmiro.com*)
Open-Source-Musik- und Video-Player, der auch Torrents verarbeitet

MLDonkey (*mldonkey.sourceforge.net*)
Filesharing-Tool nur für Windows und Linux

Transmission (*www.transmissionbt.com*)
Schlanker Client für Mac und Linux, wird auch in Embedded-Systemen genutzt

Booten

Mit diesen Schritten booten Sie Ihren Raspberry Pi das erste Mal:

1. Stecken Sie die MicroSD-Karte in den Kartenschacht unten auf dem Board. Bei dem Raspberry Pi 1 und 2 werden Sie ein Klicken hören, wenn die Karte richtig sitzt. Beim Raspberry Pi 3 und allen neueren Versionen wird die MicroSD-Karte nicht klicken, sondern nur durch Reibung gehalten werden.
2. Stecken Sie eine USB-Tastatur und eine Maus ein.
3. Verbinden Sie den Pi über ein HDMI-Kabel mit Ihrem Fernseher oder Monitor. Achten Sie darauf, dass der Monitor eingeschaltet und der richtige Eingang ausgewählt ist. Arbeiten Sie mit dem Pi 4, brauchen Sie zudem einen Micro-HDMI-auf-HDMI-Adapter.
4. Stecken Sie zum Schluss die Stromversorgung ein. Ganz allgemein sollten Sie darauf achten, dass alles angeschlossen ist, *bevor* Sie als Letztes den Pi mit Strom versorgen.

Wenn alles klappt, sollten Sie einen Haufen Startup-Log-Einträge auf Ihrem Bildschirm sehen. Oben wird ein Raspberry-Pi-Logo erscheinen – oder vier, wenn Sie ein Quad-Core-Modell nutzen (Raspberry Pi 2 oder neuer). Wenn nicht, blättern Sie gleich weiter zum Abschnitt »Fehlerbehebung« (S. 34) am Ende dieses Kapitels. Die Log-Einträge zeigen alle Prozesse, die beim Booten des Pi gestartet werden. Die Netzwerkschnittstelle wird initialisiert und die angeschlossenen USB-Geräte werden erkannt und protokolliert. Sie können sich diese Log-Einträge anzeigen lassen, indem Sie nach dem Anmelden in die Befehlszeile **`dmesg`** tippen.

Konfigurieren Sie Ihren Pi

Starten Sie Ihren Pi, werden Sie zunächst die Raspbian-Desktop-Umgebung zu sehen bekommen. Als Erstes werden Sie ein paar Einstellungen mit dem Raspberry Pi Configuration Tool vornehmen wollen. Um es zu öffnen, klicken Sie auf Menu → Preferences → Raspberry Pi Configuration (siehe Abb. 1–8).

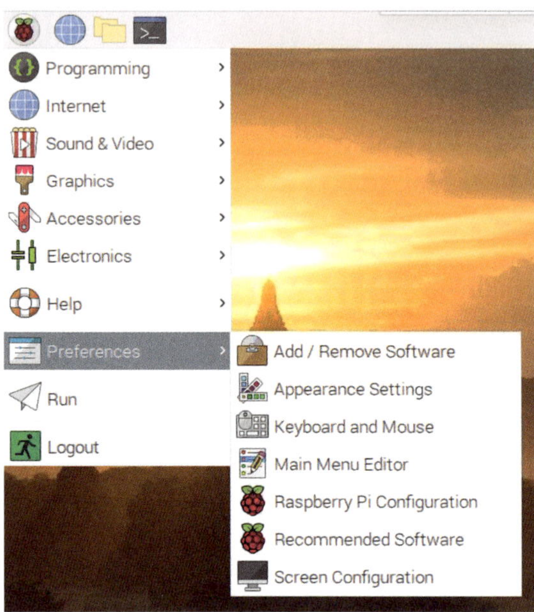

Abb. 1–8 So starten Sie das Raspberry Pi Configuration Tool.

In Abb. 1–9 zeigen wir Ihnen, welche Konfigurationsoptionen besonders wichtig sind und auf welche Sie auch später noch zurückkommen können.

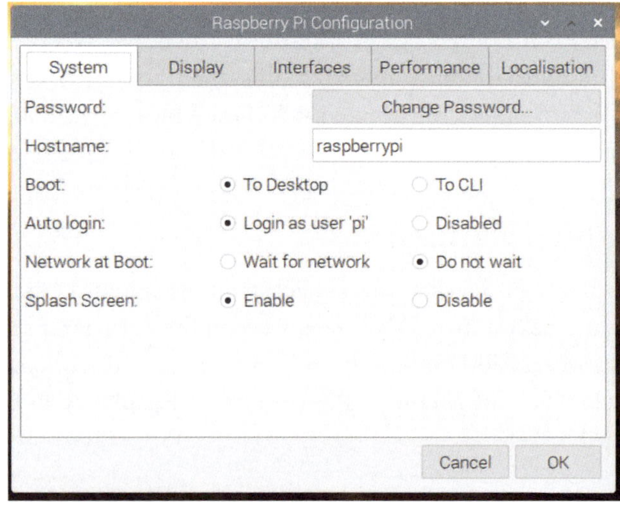

Abb. 1–9 Das Raspberry Pi Configuration Tool erlaubt es Ihnen, viele wichtige Einstellungen Ihres Pi anzupassen.

System → Change Password
Befinden Sie sich mit anderen zusammen in einem Netzwerk, ist es nicht verkehrt, das Standardpasswort von »raspberry« in ein etwas sichereres abzuändern.

System → Boot
Mit dieser Option können Sie direkt in die grafische Benutzeroberfläche booten. Sie ist automatisch aktiviert. Wählen Sie CLI, landen Sie nach dem Booten an der Befehlszeile und Sie müssen die grafische Oberfläche per Hand mit dem Befehl **startx** aufrufen.

Display → Overscan
Die Overscan-Option wird vor allem genutzt, weil manche Monitore die Ränder des Desktop abschneiden. Haben Sie einen schwarzen Rand rund um Ihren Desktop, können Sie Overscan abschalten, sodass Ihr Bildschirm vollständig gefüllt sein wird.

Interfaces → SSH
Diese Option schaltet den Secure-Shell-(SSH-)Server ein, der es Ihnen ermöglicht, sich aus der Ferne über ein Netzwerk am Raspberry Pi anzumelden. Das ist sehr praktisch, daher sollten Sie diese Option aktiv lassen.

Performance → GPU Memory
Mit dieser Option können Sie festlegen, wie viel RAM für die Graphical Processing Unit zur Verfügung steht. Der Rest des RAM wird für die CPU genutzt. Am besten belassen Sie es zunächst bei der Standardaufteilung. Wollen Sie mit 3D-Grafik oder Videodekodierung experimentieren, können Sie den Wert später noch anpassen.

Performance → Overclock
Hier können Sie den Prozessor schneller laufen lassen als in seinem normalen Modus. Diese Option steht für den Raspberry Pi 3 oder 4 nicht zur Verfügung. Am besten belassen Sie sie auf ihrem Standardwert.

Localisation → Set Keyboard
Als Tastatur wird standardmäßig von einer generischen englischen Version ausgegangen. Sollen die Tasten das tun, was auf ihnen steht, werden Sie sehr wahrscheinlich einen anderen Tastaturtyp und ein Mapping aus-

wählen wollen. Zum Glück ist die Tastaturliste sehr robust. Beachten Sie, dass Ihre Landeseinstellungen ebenfalls das Tastaturverhalten beeinflussen können.

Localisation → Set Locale
Außerhalb von Großbritannien sollten Sie Ihr Locale so ändern, dass Ihre Sprache und Ihre Zeichenkodierung angepasst werden. Standardeinstellung ist Englisch (UK) mit einer Standard-UTF-8-Zeichenkodierung (`en_GB.UTF-8`). Für die USA wählen Sie `en_US.UTF-8`. Haben Sie hier zum Beispiel ein deutsches Locale ausgewählt, werden diverse Oberflächentexte auf Deutsch erscheinen.

Localisation → Set Timezone
Sie werden vermutlich die richtige Zeitzone einstellen wollen.

Sind Sie fertig, klicken Sie auf OK. Sie werden gefragt, ob Sie den Raspberry Pi neu starten wollen, damit die Einstellungen auch wirksam werden.

Wollen Sie auf diese Einstellungen von der Befehlszeile aus zugreifen, können Sie das Tool `raspi-config` einsetzen (siehe Abb. 1–10). Möchten Sie das ausprobieren, geben Sie an der Befehlszeile Folgendes ein:

```
sudo raspi-config
```

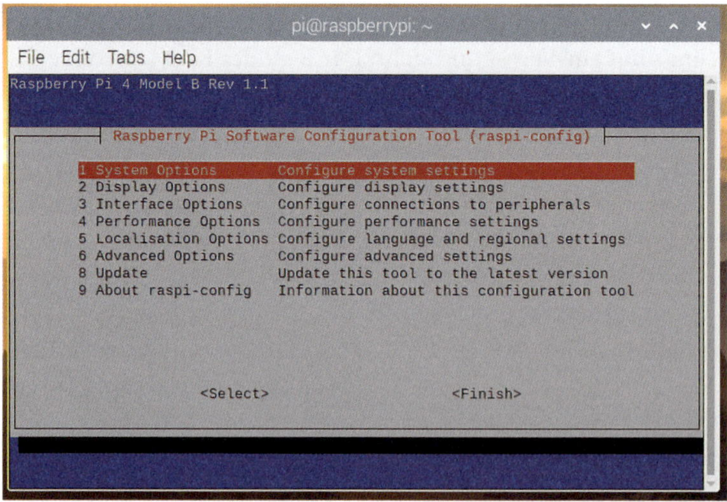

Abb. 1–10 Das Tool raspi-config beim Start von der Befehlszeile

Online gehen

Sie haben verschiedene Möglichkeiten, sich mit dem Internet zu verbinden. Haben Sie einfachen Zugriff auf einen Router oder Switch (oder eine Ethernet-Dose, die mit einem Router verbunden ist), verwenden Sie einfach ein Standard-Ethernet-Kabel. Haben Sie einen USB-WLAN-Stick oder nutzen Sie einen Raspberry Pi 3 oder neuer, können Sie sich drahtlos verbinden; auf dem Desktop gibt es ein Icon, über das Sie Ihre WLAN-Verbindung einrichten können (siehe Abb. 1–11).

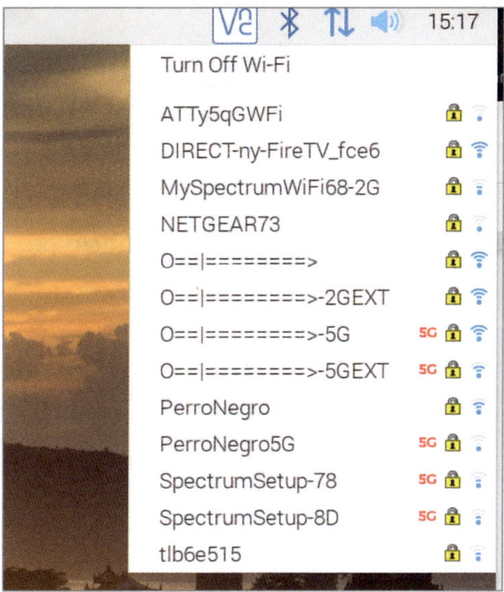

Abb. 1–11 Klicken Sie auf das Netzwerk-Symbol rechts oben in der Taskleiste, um ein WLAN-Netzwerk auszuwählen.

Haben Sie einen Laptop in der Nähe oder lassen Sie den Pi ohne Monitor laufen, können Sie den WLAN-Anschluss Ihres Laptops auch durch den Pi nutzen. Auf dem Mac ist das ganz einfach: Aktivieren Sie in Ihren Sharing-Einstellungen einfach Internet Sharing und verbinden Sie dann den Pi über ein Ethernet-Kabel mit dem Mac. Unter Windows aktivieren Sie »Anderen Benutzern im Netzwerk gestatten, diese Verbindung des Computers als Internetverbindung zu verwenden« in Ihren Einstellungen zur »Gemeinsamen Nutzung der Internetverbindung«. Der Pi sollte automatisch eine IP-Adresse erhalten, wenn er sich verbindet und online geht.

Für einen Windows-PC benötigen Sie vermutlich ein Crossover-Kabel, während bei Apple-Hardware ein beliebiges Ethernet-Kabel reicht, weil der Kabeltyp dort automatisch erkannt wird. (Ein Crossover-Kabel ist eine besondere Art von Ethernet-Kabel – CAT5 oder CAT6 –, bei dem der »Receive«-Pin der einen Seite mit dem »Transmit«-Pin der anderen Seite verbunden ist. Das erlaubt es zwei Computern, über ihre Ethernet-Ports miteinander verbunden zu werden und miteinander zu reden, ohne einen vermittelnden Switch oder Hub dazwischen zu benötigen.)

Herunterfahren

Der Raspberry Pi hat keinen Ausschalter (auch wenn es auf neueren Boards Anschlüsse für einen Reset-Schalter gibt). Um den Rechner herunterzufahren, muss man das Logout-Menü auf der grafischen Benutzeroberfläche wählen und dort auf Shutdown klicken.

Sie können auch die Befehlszeile verwenden, indem Sie folgende Anweisung eingeben:

```
pi@raspberrypi:~ $ sudo shutdown now
```

Wollen Sie ihn neu starten, können Sie Folgendes eingeben:

```
pi@raspberrypi:~ $ sudo shutdown -r now
```

Achten Sie darauf, wann immer möglich den Pi sauber herunterzufahren (und nicht einfach nur den Stecker zu ziehen). Sonst kann es in seltenen Fällen passieren, dass die Daten auf der SD-Karte zerstört werden.

Den Pi »headless« betreiben

Wollen Sie auf dem Raspberry Pi arbeiten, ohne Monitor, Tastatur und Maus anzuschließen (also *headless* laufen), gibt es dazu einige Möglichkeiten. Wenn Sie nur Zugriff auf die Befehlszeile brauchen, können Sie den Raspberry Pi einfach mit dem Netzwerk verbinden und dann einen SSH-Client aufrufen, um sich mit ihm zu verbinden (Benutzername: `pi`, Passwort: `raspberry`). Das SSH-Programm kommt auf einem Mac oder einem Linux-Rechner zum Einsatz; verwenden Sie PuTTY (*bit.ly/1sfuf4X*) auf einem Windows- (oder Linux-)Betriebssystem. Der SSH-Server ist auf dem Raspberry Pi standardmäßig aktiviert (mit dem Konfigurationstool des Raspberry Pi können Sie ihn erneut aktivieren, wenn er aus irgendeinem Grund beim Hochfahren des Pi nicht mit startet).

Ein anderer Weg, sich mit dem Pi über eine Netzwerkverbindung zu unterhalten, ist das Ausführen eines Virtual-Network-Computing-Servers (VNC-Server) auf dem Pi und das Verbinden mit ihm über einen VNC-Client. Der Vorteil dabei ist, dass Sie eine vollständige grafische Benutzeroberfläche in einem Fenster auf Ihrem Laptop oder Desktop laufen lassen können. Dies ist eine sehr gute Lösung für eine portable Entwicklungsumgebung. Auf den neueren Versionen des Raspberry Pi OS ist der VNC-Server vorinstalliert – um ihn zu starten und zu konfigurieren, klicken Sie auf das VNC-Symbol oben rechts in der Taskleiste (Abb. 1–12).

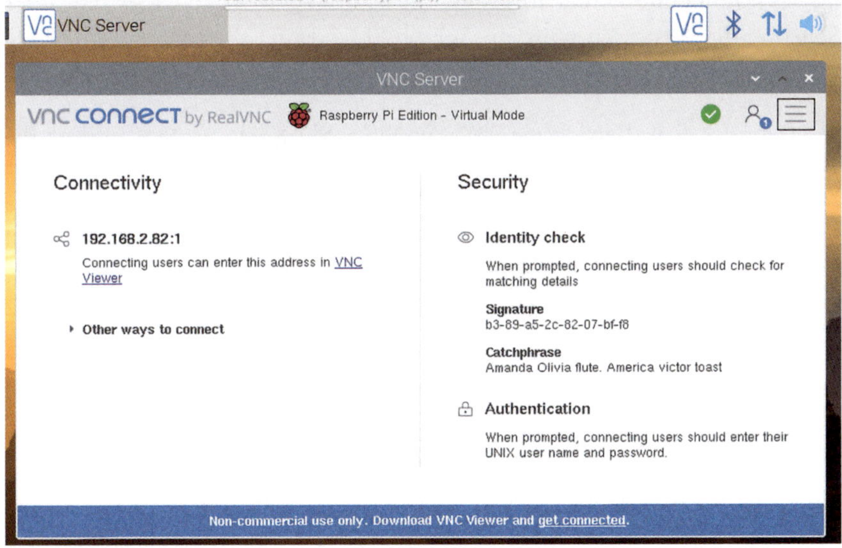

Abb. 1–12 Den VNC-Server starten

Als dritte Möglichkeit, sich auf dem Pi ohne Tastatur und Monitor einzuloggen, können einige Pins auf der GPIO-Steckleiste genutzt werden. Sie können ein spezielles FTDI-Kabel benutzen, mit dem Sie unter Verwendung eines USB-Kabels eine Verbindung zu diesem seriellen Port herstellen können. Das FTDI-Kabel weist drei Drähte auf, mittels derer eine Verbindung zu Masse (Pin 6), TX (Pin 8) und RX (Pin 10) der Steckleiste hergestellt wird. So können Sie sich über den seriellen Port anmelden – ein Artefakt aus alten Zeiten, als sich Programmierer über serielle Kabel mit ihren VAXen oder ENIACs verbanden. Heutzutage wird diese Art von Login so gut wie gar nicht mehr verwendet, da auf nahezu allen Maschinen Telnet und SSH zur Verfügung stehen, bei denen es sich um viel schnellere Kommunikationsprotokolle handelt.

Alternativ können Sie das BUB I von Modern Device benutzen. Hierbei handelt es sich um ein Breakout-Board für den FTDI-Chip, mit einem Lochraster, das das Umleiten von Signalen ermöglicht.

Fehlerbehebung

Wenn die Dinge nicht so laufen, wie sie sollten, kommen ein paar häufig vorkommende Fehler in Frage, die man eventuell gemacht hat, oder Schritte, die vergessen wurden. Achten Sie darauf, alle folgenden Punkte zu prüfen:

- Befindet sich die richtige Art von MicroSD-Karte im Slot und ist die Verbindung ordentlich?
- Versuchen Sie, das Schreiben des Disk Image mit einem anderen Kartenleser zu wiederholen.
- Lassen Sie ein Tool zum Bestimmen der Secure Hash Algorithm (SHA) Checksum für das Disk Image laufen und vergleichen Sie das Ergebnis mit dem 40-Zeichen-Hash, der auf der Download-Seite veröffentlicht wurde.
- Startet der Pi von alleine neu oder hat er andere Probleme, während er läuft? Prüfen Sie die Stromversorgung – ein mit zu wenig Strom versorgtes Board kann laufen, sich aber unzuverlässig verhalten.
- Erhalten Sie beim Start eine Kernel Panic? Das ist das Äquivalent zum Blue Screen of Death von Windows – meist verursacht durch ein Problem mit einem Gerät am USB-Hub. Stöpseln Sie die USB-Geräte aus und versuchen Sie dann, den Pi neu zu starten.

Wenn all das nicht hilft, schauen Sie auf die Troubleshooting-Seite des Raspberry-Hub-Wiki (*elinux.org/R-Pi_Troubleshooting*). Dort finden sich Lösungen für alle möglichen Probleme, die schon einmal aufgetreten sind.

Welches Board besitzen Sie?

Wenn Sie per E-Mail oder in einem Forum um Unterstützung bitten, ist es für die um Rat gefragten Personen hilfreich, die genaue Betriebssystem- und Board-Version zu kennen. Um die Betriebssystem-Version herauszufinden, öffnen Sie das LXTerminal und geben Sie Folgendes ein:

```
cat/proc/version
```

Für die Board-Version geben Sie ein:

```
cat/proc/cpuinfo
```

Weitere Informationen

The Raspberry Pi Hub *(elinux.org/RPi_Hub)*
Ein umfangreiches Wiki mit Informationen zur Hardware und Konfiguration des Pi, von *elinux.org* gehostet.

Liste mit geprüften Peripheriegeräten *(elinux.org/RPi_VerifiedPeripherals)*
Die umfassende Liste mit Peripheriegeräten, die bekanntermaßen mit dem Raspberry Pi funktionieren.

2 Linux auf dem Raspberry Pi

Wollen Sie Ihren Raspberry Pi richtig nutzen, müssen Sie ein bisschen Linux lernen. Ziel dieses Kapitels ist es, Ihnen einen Überblick über das Betriebssystem zu geben und die wichtigsten Werkzeuge aufzuführen. Das sollte Ihnen genug Wissen vermitteln, um mit dem Dateisystem zurechtzukommen und Pakete an der Befehlszeile oder in der Desktop-Umgebung installieren zu können.

Raspberry Pi OS bringt die grafische Benutzeroberfläche Lightweight X11 Desktop Environment (LXDE) mit (Abb. 2–1). Dabei handelt es sich um eine abgespeckte Desktop-Umgebung für das X-Window-System, das schon seit den 80er Jahren Grundlage für die GUI von Unix- und Linux-Rechnern ist. Manche der Tools auf dem Desktop und im Menü werden direkt mit LXDE zusammen ausgeliefert (zum Beispiel die Shell LXTerminal).

Abb. 2–1 Die grafische Benutzeroberfläche

Auf LXDE aufbauend läuft Openbox, ein Window-Manager, der sich um das Aussehen und Verhalten der Fenster und Menüs kümmert. Wollen Sie das Erscheinungsbild Ihres Desktops anpassen, klicken Sie dafür auf das Raspberry-Menü oben links und wählen dann Preferences → Appearence Settings. Anders als bei macOS oder Windows ist es recht einfach, Ihre Desktop-Umgebung umfassend zu konfigurieren oder alternative Window-Manager zu installieren. Einige der anderen Distributionen für den Raspberry Pi besitzen andere Umgebungen, die für spezielle Anwendungen optimiert sind, wie zum Beispiel Settop-Boxen, Telefonsysteme oder Netzwerk-Firewalls. Unter *elinux.org/RPi_Distributions* und in Kapitel 3 finden Sie eine Übersicht.

Seit dem Update des Raspberry Pi OS von Oktober 2015 ist das Standardverhalten, nach dem Booten automatisch die Anmeldung auszuführen und die Desktop-Umgebung direkt zu starten. Sehen Sie sich stattdessen einem Prompt für Benutzername und Passwort gegenüber, ist der Standardbenutzer `pi` und das Passwort `raspberry`. Sind Sie dann an der Befehlszeile (wo dann so etwas wie `pi@raspberrypi:~ $` steht) und wollen die Desktop-Umgebung starten, geben Sie einfach `startx` ein und drücken dann die Eingabetaste. Um die Befehlszeile werden wir uns weiter unten in diesem Kapitel noch ausführlicher kümmern.

Die Entwickler und Designer der Software des Raspberry Pi haben die Linux-Distribution und die Desktop-Umgebung für den Pi so angepasst, dass sie für allgemeine Arbeiten, Making und Lernen optimiert sind. Stöbern Sie in den Programmen im Raspberry-Menü oben links (Abb. 2–2), werden Sie feststellen, dass dort Programmierumgebungen, Office-Tools, Zubehör, Spiele und Internetprogramme vorinstalliert zu finden sind. Klicken Sie ruhig mal ein wenig herum und verschaffen Sie sich eine Orientierung!

Einige Desktop-Anwendungen unterscheiden sich ein wenig von denen anderer Desktop-Umgebungen:

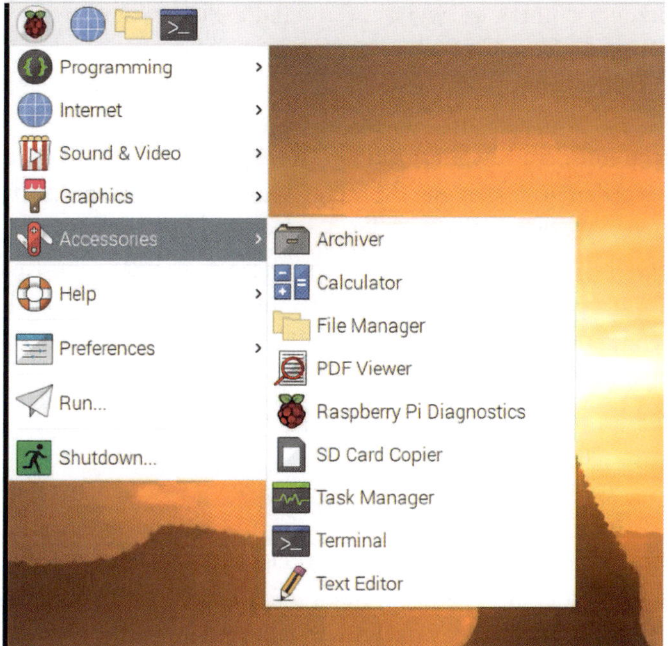

Abb. 2–2 Der Inhalt des Raspberry-Menüs

Der Dateimanager

Wollen Sie Dateien nicht an der Befehlszeile verschieben und kopieren (dazu gleich mehr), wählen Sie den File Manager in der Taskbar oder aus Accessories im Raspberry-Menü aus. Sie können dann so mit dem Dateisystem arbeiten, wie Sie es vermutlich auf einer grafischen Benutzeroberfläche gewohnt sind.

Der Webbrowser

Der Standard-Webbrowser auf dem Pi ist Chromium (nicht zu verwechseln mit Chrome). Bei ihm handelt es sich um die Open-Source-Version, auf der Chrome aufbaut. Er läuft auf allen Modellen des Pi ziemlich gut. Sind Sie mit dem Chrome vertraut, werden Sie vermutlich keinen großen Unterschied feststellen. Die Fortschritte in der Hardware des Pi haben dafür gesorgt, dass Chromium eine wirklich vernünftige Wahl für den Pi ist.

Video und Audio

Der Standard-Player für Video und Audio, der vom Raspberry Pi OS mitgeliefert wird, ist VLC. Dabei handelt es sich um einen leistungsfähigen, aber trotzdem einfach verwendbaren Media Player, der so gut wie alle Mediendateien abspielen kann, die Sie ihm vorsetzen.

Wolfram und Mathematica

Zusammen mit dem Raspberry Pi OS (sofern Sie den NOOBS-Download nutzen) werden Releases der Sprache Wolfram und von Mathematica ausgeliefert. Mathematica ist die Frontend-Schnittstelle für die Programmiersprache Wolfram (ohne Verbindungen zum Autor). Zusammen werden sie häufig für komplexe Berechnungen im Bereich Mathematik, Wissenschaft und Technik eingesetzt. Wenn Sie erfahren möchten, was Wolfram und Mathematica leisten können, ist die Dokumentation zur Sprache Wolfram und zum Wolfram-System (*bit.ly/1qoitzW*) ein guter Ausgangspunkt.

Der Texteditor

Früher brachte der Raspberry Pi seinen eigenen Texteditor namens Leafpad mit, jetzt handelt es sich nur noch um einen simplen Texteditor, ähnlich zu gedit auf Ubuntu, TextEdit auf dem Mac oder Notepad unter Windows. Sie finden ihn im Accessories-Menü unter dem Raspberry-Icon. Zum Bearbeiten von Textdateien an der Befehlszeile steht Nano zur Verfügung, aber auch vim. Emacs (mein persönlicher Favorit) ist nicht automatisch installiert, was sich aber leicht nachholen lässt (siehe Abschnitt »Neue Software installieren«, S. 56).

Copy and Paste

Copy and Paste funktioniert zwischen den Anwendungen recht gut, auch wenn Sie bald merken werden, dass manche Programme leider nicht mitspielen. Hat Ihre Maus eine dritte, mittlere Taste, können Sie Text ganz normal auswählen, indem Sie ihn selektieren (mit der linken Maustaste anklicken und die Auswahl größer ziehen) und dann durch einen Druck mit der mittleren Maustaste einfügen, wenn sich der Mauszeiger über dem Zielfenster befindet.

Die Shell

Für eine ganze Reihe von Aufgaben müssen Sie zur Befehlszeile wechseln und dort Anweisungen ausführen. Das Programm LXTerminal ermöglicht diesen Zugriff auf die Befehlszeile oder Shell. Sie können es über das Icon in der Taskbar oder im Raspberry-Menü unter Accessories starten. Leider funktioniert auf dem Pi das Standard-Tastenkürzel [Strg]-[Alt]-[T] von Debian nicht. Standard-Shell ist die Bourne-Again-Shell (bash (*bit.ly/1oTTXqW*)), die auf Linux-Systemen sehr verbreitet ist. Eine Alternative ist dash (*bit.ly/1oTTXVzs*). Die Shells können Sie über das Programm-Menü oder die Anweisung `chsh` ändern.

Arbeiten an der Befehlszeile

Wenn es Ihnen hilft, können Sie sich einen Einsatz an der Befehlszeile wie das Spielen eines Text-Adventures vorstellen, nur dass Sie mit Dateien und dem Dateisystem arbeiten statt mit Monstern und Labyrinthen. Wenn Ihnen diese Metapher nicht hilft, machen Sie sich keine Sorgen – alle Befehle und Konzepte in diesem Abschnitt gehören zum Linux-Standard, und es lohnt sich auf jeden Fall, sie zu lernen.

Bevor Sie beginnen, öffnen Sie das Programm LXTerminal (Abb. 2–3). Es gibt zwei wichtige Tipps, um sich das Leben in der Shell leichter zu machen: *Autovervollständigen* und *Befehlspuffer*. Häufig brauchen Sie nur die ersten paar Zeichen eines Befehls oder eines Dateinamens einzugeben und können dann die [⭾]-Taste drücken. Die Shell wird versuchen, den String basierend auf den Dateien im aktuellen Verzeichnis oder in den Programmen in deren üblichen Verzeichnissen zu ermitteln (die Shell sucht nach ausführbaren Programmen an Orten wie */bin* oder */usr/bin*). Drücken Sie an der Befehlszeile die [↑]-Taste, können Sie den Befehlspuffer durchlaufen und sich vorher angegebene Befehle anzeigen lassen. Das ist nützlich, wenn Sie ein Zeichen in einer langen Befehlskette falsch eingegeben haben. Müssen Sie im Befehlspuffer *richtig weit* zurückgehen, geben Sie in der Shell `history` ein. Sie erhalten dann eine ziemlich weit zurückreichende Liste mit bisher eingegebenen Befehlen, vor denen jeweils eine Zahl steht. Wollen Sie einen bestimmten Befehl erneut eingeben, geben Sie einfach ein Ausrufezeichen, gefolgt von der Zahl vor dem Befehl ein und drücken die Eingabetaste.

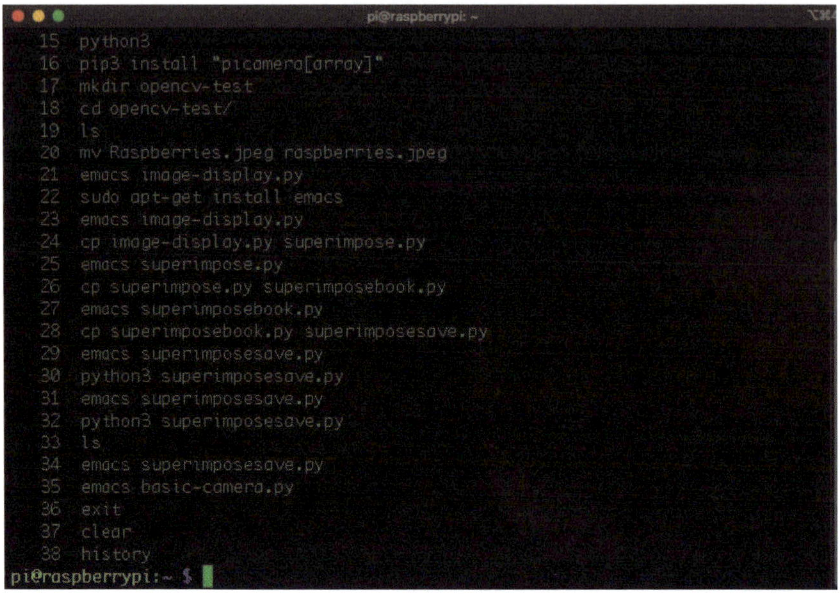

```
   15  python3
   16  pip3 install "picamera[array]"
   17  mkdir opencv-test
   18  cd opencv-test/
   19  ls
   20  mv Raspberries.jpeg raspberries.jpeg
   21  emacs image-display.py
   22  sudo apt-get install emacs
   23  emacs image-display.py
   24  cp image-display.py superimpose.py
   25  emacs superimpose.py
   26  cp superimpose.py superimposebook.py
   27  emacs superimposebook.py
   28  cp superimposebook.py superimposesave.py
   29  emacs superimposesave.py
   30  python3 superimposesave.py
   31  emacs superimposesave.py
   32  python3 superimposesave.py
   33  ls
   34  emacs superimposesave.py
   35  emacs basic-camera.py
   36  exit
   37  clear
   38  history
pi@raspberrypi:~ $
```

Abb. 2–3 LXTerminal ermöglicht Ihnen den Zugriff auf die Befehlszeile (oder Shell).

Dateien und das Dateisystem

Tab. 2–1 enthält einige der wichtigsten Verzeichnisse im Dateisystem. Die meisten folgen dem Linux-Standard für das Ablegen von Dateien, ein paar sind spezifisch für den Raspberry Pi. Im Verzeichnis */sys* können Sie auf die Hardware des Raspberry Pi zugreifen.

Verzeichnis	Beschreibung
/bin	Programme und Befehle, die alle Anwender benutzen können
/boot	alle Dateien, die beim Booten benötigt werden
/dev	spezielle Dateien, die die Geräte Ihres Systems repräsentieren
/etc	Konfigurationsdateien
/etc/init.d	Skripten, um Dienste zu starten
/etc/X11	X11-Konfigurationsdateien
/home	Home-Verzeichnisse der Anwender
/home/pi	Home-Verzeichnis des Anwenders pi

→

Verzeichnis	Beschreibung
/lib	Kernel-Module/Treiber
/media	Mountpunkte für entfernbare Medien
/proc	virtuelles Verzeichnis mit Details zu laufenden Prozessen und zum Betriebssystem
/sbin	Programme zur Systemwartung
/sys	ein spezielles Verzeichnis auf dem Raspberry Pi, das die Hardwaregeräte repräsentiert
/tmp	ein Verzeichnis für Programme, um temporäre Daten zu erzeugen
/usr	Programme und Daten, die von allen Anwendern genutzt werden können
/usr/bin	Die meisten Programme des Betriebssystems finden sich hier.
/usr/games	Wenig überraschend: Spiele. Nein, standardmäßig ist es leer.
/usr/lib	Bibliotheken für die gebräuchlichen Programme
/usr/local	Software, die für diesen Rechner spezifisch ist, kann hierhin kopiert werden.
/usr/sbin	weitere Programme zur Systemverwaltung
/usr/share	unterstützende Dateien, die nicht spezifisch für eine bestimmte Prozessorarchitektur ausgelegt sind
/usr/src	Linux ist Open Source – hier finden Sie den Quellcode!
/var	System-Logs und Spooldateien
/var/backups	Backup-Kopien aller lebenswichtigen Systemdateien
/var/cache	Programme wie zum Beispiel `apt-get` legen die Daten hier ab.
/var/log	alle System-Logs und individuellen Service-Logs
/var/mail	Die Benutzer-E-Mails werden hier abgelegt, wenn das System für E-Mails eingerichtet ist.
/var/spool	Daten, die auf eine Verarbeitung warten (zum Beispiel eintreffende E-Mails oder Druckaufträge)

Tab. 2–1 Wichtige Verzeichnisse im Dateisystem des Raspberry Pi OS

Das aktuelle Verzeichnis wird jeweils vor dem Command-Prompt angezeigt. Unter Linux besitzt Ihr Home-Verzeichnis eine Kurzform: die Tilde (~). Wenn Sie das LXTerminal öffnen, landen Sie in Ihrem Home-Verzeichnis, und Ihr Prompt sieht wie folgt aus:

```
pi@raspberrypi:~ $
```

Dies ist eine Erläuterung für diesen Prompt:

```
pi@ ❶ raspberrypi: ❷ ~ ❸ $ ❹
```

❶ Ihr Benutzername (pi), gefolgt vom At-Symbol (@).

❷ Der Name Ihres Computers (raspberrypi ist der Standard-Host-Name). Er lässt sich ändern.

❸ Das *aktuelle Arbeitsverzeichnis* der Shell. Sie beginnen immer in Ihrem Home-Verzeichnis (~). Sollten Sie in das Documents-Verzeichnis wechseln, wird sich der Prompt in `pi@raspberrypi:~/Documents $` ändern.

❹ Dies ist der *Shell Prompt*. Text, den Sie eintippen, erscheint rechts davon. Drücken Sie die Eingabetaste, um eine eingegebene Anweisung auszuführen.

Wir werden das `pi@raspberrypi:~` des Prompts später in manchen Beispielen weglassen und nur noch das $ anzeigen, damit das Ganze übersichtlich bleibt.

Mit dem Befehl `cd` (change directory) können Sie sich im Dateisystem bewegen. Die folgenden zwei Befehle haben den gleichen Effekt (den Wechsel zum Home-Verzeichnis) für den Anwender pi:

```
cd /home/pi/
cd ~
```

Geben Sie einfach nur `cd` ein, landen Sie ebenfalls im Home-Verzeichnis. Das ist ein praktischer Shortcut, den Sie sich merken können.

Beginnt der Verzeichnispfad mit einem Schrägstrich, wird er als absoluter Pfad auf das Verzeichnis interpretiert. Andernfalls wird die Verzeichnisangabe als relativ zum aktuellen Arbeitsverzeichnis betrachtet. Sie können auch . und .. verwenden, um sich auf das aktuelle beziehungsweise das übergeordnete Verzeichnis zu beziehen. Um zum Beispiel an den »Anfang« des Dateisystems zu springen:

```
pi@raspberrypi:~ $ cd ..
pi@raspberrypi:/home $ cd ..
```

Sie erreichen dies auch über den absoluten Pfad /:

```
pi@raspberrypi:~ $ cd /
```

Sind Sie zu einem Verzeichnis gewechselt, verwenden Sie den Befehl `ls`, um die dort vorhandenen Dateien aufzuführen:

```
pi@raspberrypi / $ ls
bin   dev  home  lost+found  mnt  proc  run   selinux  sys  usr
boot  etc  lib   media       opt  root  sbin  srv      tmp  var
```

Für die meisten Befehle gibt es zusätzliche Parameter oder *Schalter*, mit denen man das Verhalten des Befehls beeinflussen kann. So führt zum Beispiel der Schalter `-l` zu einer ausführlicheren Ausgabe mit Dateigröße, -datum und -berechtigungen:

```
pi@raspberrypi:~ $ ls -l
total 8
drwxr-xr-x 2 pi pi 4096 Oct 12 14:26 Desktop
drwxrwxr-x 2 pi pi 4096 Jul 20 14:07 python_games
```

Der Schalter `-a` gibt alle Dateien aus, auch die unsichtbaren:

```
pi@raspberrypi:~ $ ls -la
total 80

drwxr-xr-x 11 pi   pi   4096 Oct 12 14:26 .
drwxr-xr-x  3 root root 4096 Sep 18 07:48 ..
-rw-------  1 pi   pi     25 Sep 18 09:22 .bash_history
-rw-r--r--  1 pi   pi    220 Sep 18 07:48 .bash_logout
-rw-r--r--  1 pi   pi   3243 Sep 18 07:48 .bashrc
drwxr-xr-x  6 pi   pi   4096 Sep 19 01:19 .cache
drwxr-xr-x  9 pi   pi   4096 Oct 12 12:57 .config
drwx------  3 pi   pi   4096 Sep 18 09:24 .dbus
```

```
drwxr-xr-x  2 pi   pi   4096 Oct 12 14:26 Desktop
-rw-r--r--  1 pi   pi     36 Sep 18 09:35 .dmrc
drwx------  2 pi   pi   4096 Sep 18 09:24 .gvfs
drwxr-xr-x  2 pi   pi   4096 Oct 12 12:53 .idlerc
-rw-------  1 pi   pi     35 Sep 18 12:11 .lesshst
drwx------  3 pi   pi   4096 Sep 19 01:19 .local
-rw-r--r--  1 pi   pi    675 Sep 18 07:48 .profile
drwxrwxr-x  2 pi   pi   4096 Jul 20 14:07 python_games
drwx------  4 pi   pi   4096 Oct 12 12:57 .thumbnails
-rw-------  1 pi   pi     56 Sep 18 09:35 .Xauthority
-rw-------  1 pi   pi    300 Oct 12 12:57 .xsession-errors
-rw-------  1 pi   pi   1391 Sep 18 09:35 .xsession-errors.old
```

Mit dem Befehl `mv` benennen Sie eine Datei um. Der Befehl `touch` kann genutzt werden, um eine leere Dummy-Datei zu erzeugen:

```
pi@raspberrypi:~ $ touch foo
pi@raspberrypi:~ $ ls
foo    Desktop    python_games
pi@raspberrypi:~ $ mv foo baz
pi@raspberrypi:~ $ ls
baz    Desktop    python_games
```

Entfernen Sie eine Datei mit `rm`. Um ein Verzeichnis zu entfernen, können Sie `rmdir` benutzen, wenn es leer ist, oder `rm -rt`, wenn sich noch Dateien (oder andere Verzeichnisse) darin befinden. `-r` ist ein Parameter für den Befehl `rm`, der dafür sorgt, dass rekursiv alles im Verzeichnis gelöscht wird.

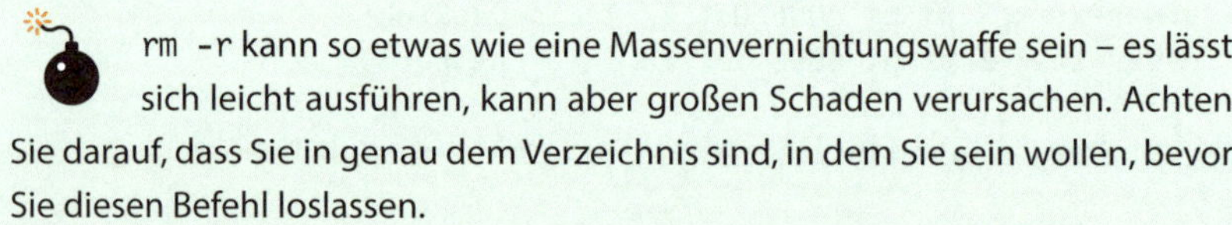

`rm -r` kann so etwas wie eine Massenvernichtungswaffe sein – es lässt sich leicht ausführen, kann aber großen Schaden verursachen. Achten Sie darauf, dass Sie in genau dem Verzeichnis sind, in dem Sie sein wollen, bevor Sie diesen Befehl loslassen.

Wollen Sie herausfinden, welche Parameter es für einen bestimmten Befehl gibt, verwenden Sie `man` für die Beschreibung (oder Sie greifen auf die oft vorhandene Option `--help` zurück):

```
pi@raspberrypi:~ $ man curl
pi@raspberrypi:~ $ rm --help
```

Um ein neues Verzeichnis zu erstellen, rufen Sie `mkdir` auf. Um alle Dateien eines Verzeichnisses in einer einzelnen Datei zusammenzufassen, verwenden Sie den Befehl `tar`, der ursprünglich für Band-Archive gedacht war.

Viele Dateien oder Quelltexte werden als tar-Dateien angeboten, meist noch mit dem Befehl `gzip` komprimiert. Versuchen Sie einmal Folgendes:

```
pi@raspberrypi:~ $ mkdir myDir
pi@raspberrypi:~ $ cd myDir
pi@raspberrypi:~ $ touch foo bar baz
pi@raspberrypi:~ $ cd ..
pi@raspberrypi:~ $ tar -cf myDir.tar myDir
pi@raspberrypi:~ $ gzip myDir.tar
```

Jetzt haben Sie ein *.tar.gz*-Archiv dieses Verzeichnisses, das per E-Mail oder über das Internet weitergegeben werden kann.

Weitere Linux-Befehle

Einer der Gründe dafür, dass Linux (und Unix) so erfolgreich ist, ist das wichtigste Entwurfsziel: ein sehr kompliziertes System aus kleinen, einfachen, modularen Teilen aufbauen, die miteinander verknüpft werden können. Sie müssen dabei ein bisschen über zwei Elemente dieses Puzzles wissen: *Pipes* und *Redirection*.

Pipes sind einfach eine Möglichkeit, zwei Programme so zu verketten, dass die Ausgabe des einen Programms als Eingabe des anderen Programms dient. Alle Linux-Programme können Daten von *Standard Input* lesen (häufig als *stdin* bezeichnet), Daten nach *Standard Output* schreiben (*stdout*) und Fehlermeldungen an *Standard Error* ausgeben (*stderr*). Mit einer Pipe können Sie stdout des einen Programms mit stdin eines anderen Programms kombinieren (Abb. 2–4). Verwenden Sie dazu den Operator | wie im folgenden Beispiel:

```
pi@raspberrypi:~ $ ls -la | less
```

In diesem Beispiel wird die Ausgabe des Befehls ls an die Eingabe des Befehls `less` weitergegeben, der Daten immer nur bildschirmseitenweise ausgibt. (Drücken Sie q, um das Programm `less` wieder zu verlassen.)

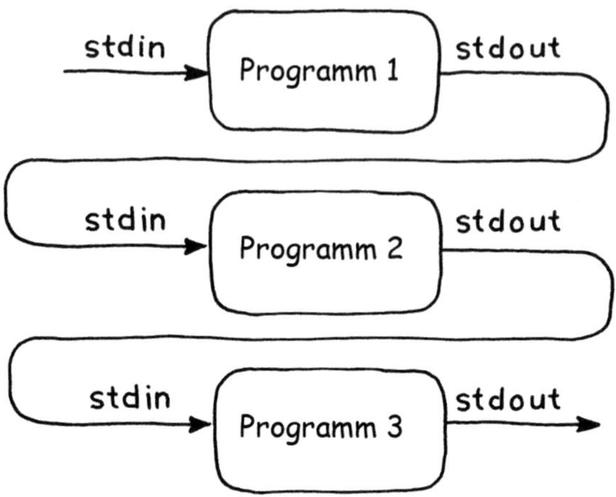

Abb. 2–4 Pipes sind eine Möglichkeit, kleinere Programme zu kombinieren, damit sie größere Aufgaben erledigen können.

Versuchen Sie jetzt einmal Folgendes:

```
pi@raspberrypi:~ $ sudo cat /boot/kernel.img | aplay
```

Sie werden die Lautstärke vermutlich etwas herunterdrehen wollen, denn diese Anweisungen lesen das Kernel Image ein und geben all die Einsen und Nullen an den Audio-Player aus. So klingt Ihr Kernel!

Kleiner Exkurs

sudo ist ein Befehl, dessen Name für »super user do« steht. So können Sie als gewöhnlicher Computeranwender auf einem Linux-System zeitweilig die Macht eines Superusers erhalten. Damit lässt sich sehr gut das System beeinflussen – womit Sie aber auch viel Schaden anrichten können, wenn Sie nicht vorsichtig sind. Behandeln Sie sudo daher mit Respekt.

In einigen der in diesem Buch noch folgenden Beispielen werden wir auch eine *Redirection* benutzen, bei der ein Befehl ausgeführt und die stdout-Ausgabe in eine Datei umgeleitet wird. Wie Sie später sehen werden, werden viele Dinge in Linux als normale Dateien behandelt (wie zum

Beispiel die General-Purpose-Input- und Output-Pins des Pi), daher kann die Redirection sehr praktisch sein. Um die Ausgabe eines Programms umzuleiten, verwenden Sie den Operator >:

```
pi@raspberrypi:~ $ ls > directoryListing.txt
```

Besondere Steuertasten

Neben den Tasten zum Autovervollständigen (Tab-Taste) und Befehlspuffer (↑), die schon weiter oben erwähnt wurden, gibt es noch ein paar weitere Steuertasten, die Sie in der Shell brauchen werden. Dazu gehören unter anderem:

Strg-C
Beendet das aktuell laufende Programm. Funktioniert eventuell nicht mit jedem interaktiven Programm wie zum Beispiel Texteditoren.

Strg-D
Beendet die Shell. Sie müssen dies an der Befehlszeile selbst eingeben (und es darf nichts hinter dem $ stehen, bevor Sie Strg-D drücken).

Strg-A
Bewegt den Cursor an den Zeilenanfang.

Strg-E
Bewegt den Cursor an das Zeilenende.

Es gibt noch weitere Tastenkürzel, aber diese hier sind die wichtigsten, die Sie jeden Tag einsetzen werden.

Manchmal wollen Sie den Inhalt einer Datei auf dem Bildschirm ausgeben. Handelt es sich um eine Textdatei und wollen Sie sie Seite für Seite lesen, verwenden Sie `less`:

```
pi@raspberrypi:~ $ ls > flob.txt
pi@raspberrypi:~ $ less flob.txt
```

(Eine andere Möglichkeit, seitenweise zu lesen, ist `more` (ja, ich weiß …). Die meisten Power-User verwenden aber `less`, weil es etwas mehr Funktionalität als `more` bietet.)

Wollen Sie nur den gesamten Inhalt einer Datei an Standard-Output schicken, verwenden Sie `cat` (Kurzform von concatenate). Das kann sehr nützlich sein, wenn Sie eine Datei an ein anderes Programm verfüttern oder sie woandershin umleiten wollen.

Dies entspricht zum Beispiel dem Kopieren einer Datei in eine andere mit einem neuen Namen (die dritte Zeile verkettet die beiden ersten Dateien):

```
pi@raspberrypi:~ $ ls > wibble.txt
pi@raspberrypi:~ $ cat wibble.txt > wobble.txt
pi@raspberrypi:~ $ cat wibble.txt wobble.txt > wubble.txt
```

Um sich nur die letzten paar Zeilen einer Datei anzeigen zu lassen (wie zum Beispiel die neuesten Einträge einer Log-Datei), benutzen Sie `tail` (für den Anfang setzen Sie `head` ein). Suchen Sie in einer oder mehreren Dateien nach einem String, verwenden Sie das altehrwürdige `grep`:

```
pi@raspberrypi:~ $ grep Puzzle */*
```

`grep` ist ein leistungsfähiges Tool, da es mit den umfangreichen *regulären Ausdrücken* arbeitet. Reguläre Ausdrücke sind manchmal schwierig zu lesen – die Details dazu würden ein ganzes Buch füllen – und leisten sicherlich ihren Beitrag dazu, dass Linux für Neueinsteiger kompliziert wirkt.

Prozesse

Selbst wenn der Pi »nichts tut«, ist sein Betriebssystem ziemlich beschäftigt. Es kümmert sich um das Dateisystem, überwacht die Netzwerkverbindung, und noch viele weitere Aufgaben sorgen dafür, dass Ihr Pi sich nicht langweilt. Jedes Programm auf dem Pi läuft in einem eigenen Prozess, daher laufen eigentlich jederzeit dutzende Prozesse. Beim ersten Booten starten etwa 75 Prozesse, von denen jeder eine andere Aufgabe hat oder einen bestimmten Dienst betreut. Um all diese Prozesse aufgelistet zu bekommen, verwenden Sie das Programm `top`, mit dem auch die CPU-Last und der Speicherverbrauch angezeigt werden. Mit `top` sehen Sie, welche Prozesse die meisten Ressourcen belegen, mit dem Befehl `ps` erhalten Sie eine Liste aller Prozesse und ihrer ID-Nummern (siehe Abb. 2–5).

```
pi@raspberrypi: ~
File  Edit  Tabs  Help
top - 08:35:37 up 13 min,  2 users,  load average: 0.31, 0.34, 0.35
Tasks: 141 total,   1 running, 140 sleeping,   0 stopped,   0 zombie
%Cpu(s):  1.2 us,  0.2 sy,  0.0 ni, 98.7 id,  0.0 wa,  0.0 hi,  0.0 si,  0.0 st
MiB Mem :    924.2 total,    363.2 free,    158.9 used,    402.1 buff/cache
MiB Swap:    100.0 total,    100.0 free,      0.0 used.    689.8 avail Mem

  PID USER      PR  NI    VIRT    RES    SHR S  %CPU  %MEM     TIME+ COMMAND
 3318 root      20   0   55912  30252  16340 S   2.6   3.2   0:11.33 vncserver-x11-c
 4694 pi        20   0    7864   2688   2172 R   1.3   0.3   0:00.14 top
  506 root      20   0  218772  59120  32728 S   1.0   6.2   0:14.77 Xorg
  109 root      20   0   33232   7220   6260 S   0.7   0.8   0:01.45 systemd-journal
 4649 pi        20   0  273532  56820  42668 S   0.3   6.0   0:03.82 lxterminal
    1 root      20   0   34808   8316   6480 S   0.0   0.9   0:08.31 systemd
    2 root      20   0       0      0      0 S   0.0   0.0   0:00.00 kthreadd
    3 root       0 -20       0      0      0 I   0.0   0.0   0:00.00 rcu_gp
    4 root       0 -20       0      0      0 I   0.0   0.0   0:00.00 rcu_par_gp
    7 root      20   0       0      0      0 I   0.0   0.0   0:00.54 kworker/u8:0-events_+
    8 root       0 -20       0      0      0 I   0.0   0.0   0:00.00 mm_percpu_wq
    9 root      20   0       0      0      0 S   0.0   0.0   0:00.00 rcu_tasks_rude_
   10 root      20   0       0      0      0 S   0.0   0.0   0:00.00 rcu_tasks_trace
   11 root      20   0       0      0      0 S   0.0   0.0   0:00.15 ksoftirqd/0
   12 root      20   0       0      0      0 I   0.0   0.0   0:00.31 rcu_sched
   13 root      rt   0       0      0      0 S   0.0   0.0   0:00.05 migration/0
   14 root      20   0       0      0      0 S   0.0   0.0   0:00.00 cpuhp/0
   15 root      20   0       0      0      0 S   0.0   0.0   0:00.00 cpuhp/1
   16 root      rt   0       0      0      0 S   0.0   0.0   0:00.05 migration/1
   17 root      20   0       0      0      0 S   0.0   0.0   0:00.09 ksoftirqd/1
   20 root      20   0       0      0      0 S   0.0   0.0   0:00.00 cpuhp/2
   21 root      rt   0       0      0      0 S   0.0   0.0   0:00.01 migration/2
   22 root      20   0       0      0      0 S   0.0   0.0   0:00.13 ksoftirqd/2
```

Abb. 2–5 Mit dem `top`-Befehl erhalten Sie eine Liste aller Prozesse, die aktuell auf Ihrem Pi laufen; dazu die CPU-Last und den Speicherverbrauch.

Versuchen Sie Folgendes:

```
pi@raspberrypi:~ $ ps -aux | less
```

Manchmal wollen Sie einen aus dem Ruder laufenden oder nicht mehr reagierenden Prozess stoppen. Dazu nutzen Sie zuerst `ps`, um seine ID zu finden, und dann `kill`, um ihn zu beenden.

```
pi@raspberrypi:~ $ kill 95689
```

Bei manchen Systemprozessen haben Sie nicht die Berechtigung, ihn zu beenden (allerdings können Sie dies mit `sudo` umgehen, dem wir uns im nächsten Abschnitt widmen werden).

Sudo und Berechtigungen

Linux ist ein Mehrbenutzer-Betriebssystem. Allgemeine Regel ist, dass jeder seine eigenen Dateien besitzt und sie in seinem Bereich des Dateisystems erstellen, bearbeiten und löschen kann. Der Root- (oder Super-) User kann alle Dateien im Dateisystem ändern, weshalb Sie sich möglichst nicht immer als Root anmelden sollten, sondern nur bei Bedarf.

Es gibt ein paar Tools wie `sudo` (»su-peruser-do«), die es dem Anwender ermöglichen, als Superuser tätig zu sein und bestimmte Aufgaben zu erledigen. Dann kann er Software installieren, ohne sich den Gefahren (und der Verantwortung) auszusetzen, als Root angemeldet zu sein. Sie werden `sudo` recht viel nutzen, wenn Sie direkt mit der Hardware interagieren oder wenn Sie an der systemweiten Konfiguration herumschrauben.

> Als Benutzer `pi` können Sie im System nicht viel Schaden anrichten. Als Superuser können Sie allerdings durchaus Chaos verursachen – unabsichtlich oder auch geplant. Seien Sie vorsichtig, wenn Sie `sudo` benutzen, insbesondere wenn Sie Dateien verschieben oder löschen. Wenn Ihre Aktionen richtig in die Hose gegangen sind, können Sie allerdings immer noch ein neues SD-Karten-Image erzeugen (siehe Kapitel 11).

Jede Datei gehört einem bestimmten Anwender und einer bestimmten Gruppe. Mit den Befehlen `chown` und `chgrp` ändern Sie den Besitzer oder die Gruppe einer Datei. Beachten Sie, dass Sie Root-User sein müssen, um einen dieser Befehle einsetzen zu können:

```
pi@raspberrypi ~ $ sudo chown pi garply.txt
pi@raspberrypi ~ $ sudo chgrp staff plugh.txt
```

Jede Datei besitzt zudem einen Satz Berechtigungen, die zeigen, ob eine Datei gelesen, geschrieben oder ausgeführt werden kann. Diese Berechtigungen können für den Besitzer der Datei, die Gruppe oder jedermann gesetzt werden (siehe Abb. 2–6).

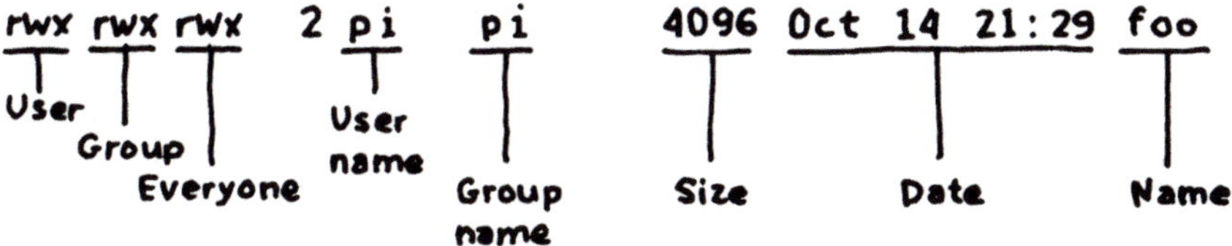

Abb. 2–6 Dateiberechtigungen für den Besitzer, die Gruppe und jedermann

Sie setzen die einzelnen Berechtigungen mit dem Befehl `chmod`. Die Schalter für `chmod` sind in Tab. 2–2 zusammengefasst.

u	Benutzer (User)
g	Gruppe
o	andere, die nicht zur Gruppe gehören (Other)
a	alle/jedermann
r	Leseberechtigung (Read)
w	Schreibberechtigung (Write)
x	Ausführungsberechtigung (eXecute)
+	Berechtigung hinzufügen
-	Berechtigung entfernen

Tab. 2–2 Die Schalter, die für `chmod` genutzt werden können

Hier ein paar Beispiele, wie Sie diese Schalter kombinieren können:

```
chmod u+rwx,g-rwx,o-rwx wibble.txt ❶
chmod g+wx wobble.txt ❷
chmod -rw,+r wubble.txt ❸
```

❶ Nur der Besitzer darf lesen, schreiben und ausführen.

❷ Berechtigung zum Schreiben und Ausführen für die gesamte Gruppe hinzufügen.

❸ Nur Lesen für jeden hinzufügen.

Die einzige Hürde, die Ihre Dateien vor anderen schützt, ist Ihr Passwort – wählen Sie daher möglichst ein sicheres. Mit dem Befehl `passwd` ändern Sie es. Setzen Sie ihn vor allem ein, wenn Sie Ihren Pi ins Netzwerk hängen.

Das Netzwerk

Hängen Sie im Netz, gibt es eine Reihe von Linux-Tools, die Sie immer wieder einsetzen werden. Für eine Fehlersuche bei der Internetverbindung greifen Sie auf den Befehl `ifconfig` zurück, mit dem Sie alle Ihre Netzwerkschnittstellen und die zugehörigen IP-Adressen anzeigen können (siehe Abb. 2–7).

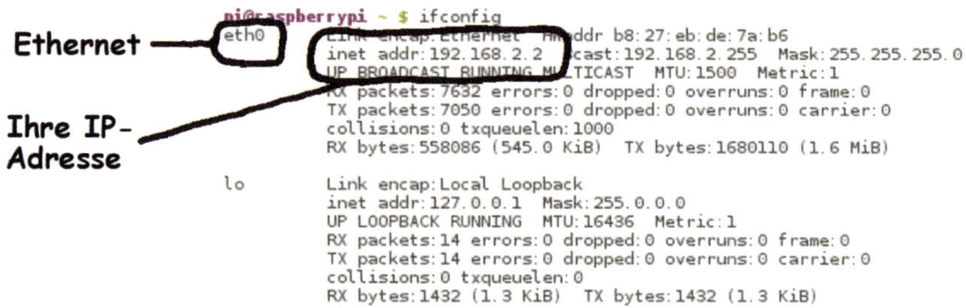

Abb. 2–7 Der Befehl `ifconfig` liefert Ihnen Informationen über all Ihre Netzwerkschnittstellen zurück.

Der Befehl `ping` ist das einfachste Tool, um herauszufinden, warum die Netzwerkverbindung nicht funktioniert. Ping funktioniert wie ein Sonar im Internet – es schickt einen einfachen Puls an eine bestimmte Netzwerkadresse und misst die Zeit, die bis zur Antwort benötigt wird. So lässt sich herausfinden, ob es eine bidirektionale Verbindung zwischen zwei IP-Adressen im Netzwerk oder Internet gibt. Beachten Sie, dass viele Websites Ping-Anfragen blockieren, daher kann es passieren, dass Sie mehrere Sites anpingen müssen, um eine Verbindung sinnvoll testen zu können:

```
ping google.com
ping opendns.com
ping cloudflare.com
ping netscape.com
```

Um sich remote (und sicher, mit verschlüsselten Passwörtern) an einem anderen Computer anzumelden, können Sie die Secure Shell (SSH) nutzen. Der Computer am anderen Ende muss dazu einen SSH-Server laufen lassen, aber der SSH-Client wird im Raspberry Pi OS schon mitgeliefert, und der SSH-Server lässt sich ebenfalls leicht aktivieren. Tatsächlich ist dies eine sehr praktische Möglichkeit, auf Ihrem Raspberry Pi ohne Monitor oder Tastatur zu arbeiten (siehe Abschnitt »Den Pi »headless« betreiben«, S. 32).

Zu SSH gehört auch das Programm `sftp`, mit dem Sie auf einem sicheren Weg Dateien von einem Computer zu einem anderen transportieren können. Abgerundet wird das Ganze durch `scp`, mit dem Sie Dateien von einem Computer über das Netzwerk oder Internet auf einen anderen kopieren. Bei all diesen Programmen wird der Secure Sockets Layer (SSL) genutzt, um Dateien mit verschlüsselten Anmeldeinformationen zu übertragen. Diese Tools sind allesamt ausgereifte und erprobte Linux-Tools.

/etc

Das Verzeichnis */etc* enthält alle systemweiten Konfigurationsdateien und Startskripten. Als Sie die Konfigurationsskripten nach dem ersten Booten Ihres Pis ausführten, wurde eine ganze Reihe von Werten in den diversen Dateien im Verzeichnis */etc* verändert. Sie benötigen Superuser-Kräfte mit `sudo`, um Dateien in */etc* zu bearbeiten – wenn Sie in einem Tutorial etwas über das Bearbeiten einer Konfigurationsdatei lesen, verwenden Sie einen Texteditor und rufen Sie ihn mit `sudo` auf:

```
pi@raspberrypi:~ $ sudo nano /etc/hosts
```

Datum und Uhrzeit setzen

Ein typischer Laptop oder Desktop besitzt zusätzliche Hardware und eine Backup-Batterie (meist eine Knopfzelle), um das aktuelle Datum und die Uhrzeit zu speichern. Der Raspberry Pi besitzt das nicht, aber das Raspberry Pi OS ist so konfiguriert, dass er seine Uhrzeit und das Datum automatisch mit einem Network-Time-Protocol-Server (NTP-Server) synchronisiert, wenn er mit einem Netzwerk verbunden ist.

Es kann für manche Anwendungen sehr wichtig sein, die korrekte Uhrzeit zu kennen (siehe das Beispiel in Kapitel 6, wo mit cron eine Lampe angesteuert wird). Um Datum und Uhrzeit manuell zu setzen, verwenden Sie das Programm date:

```
$ sudo date --set=»Sun Nov 20 1:55:16 EST 2022»
```

Wenn die Zeit automatisch mit NTP über das Internet gesetzt wurde, möchten Sie möglicherweise Ihre Zeitzone aktualisieren. Benutzen Sie hierzu die Internationalisierungseinstellungen im Programm raspi-config (siehe Abschnitt »Konfigurieren Sie Ihren Pi«, S. 27).

Neue Software installieren

Einer der Bereiche, in denen Linux anderen Betriebssystemen haushoch überlegen ist, ist das Software-Paketmanagement. *Paketmanager* kümmern sich um das Herunterladen und Installieren von Software, und sie achten auch darauf, dass Abhängigkeiten aufgelöst und notwendige Komponenten ebenfalls heruntergeladen werden. Der Paketmanager hält Ordnung – und die Paketmanager unter Linux sind dabei ausgesprochen robust.

Das Raspberry Pi OS bringt zunächst recht wenig Software mit, daher werden Sie ziemlich bald neue Programme herunterladen und installieren wollen. Alle Beispiele in diesem Buch verwenden dafür die Befehlszeile, da es die flexibelste und schnellste Möglichkeit ist, Software zu installieren.

Das Programm apt-get mit der Option install wird genutzt, um Software herunterzuladen. apt-get lädt auch jede zusätzlich notwendige Software und jede zusätzliche Bibliothek herunter, die Ihr Paket erfordert, sodass Sie sich nicht selbst um die Abhängigkeiten kümmern müssen. Software muss mit Superuser-Berechtigungen installiert werden, verwenden Sie also immer sudo. Diese Anweisung installiert beispielsweise den *ausgezeichneten* Texteditor Emacs:

```
pi@raspberrypi:~ $ sudo apt-get install emacs
```

Einen Screenshot machen

Eines der ersten Dinge, die wir herausfinden mussten, als wir dieses Buch schrieben, war, wie man auf dem Pi einen Screenshot macht. Vorinstalliert haben wir ein Programm namens `scrot` gefunden (eine Kurzform für SCReenshOT). Um einen Screenshot zu machen, tippen Sie an der Befehlszeile einfach `scrot` ein. Dann wird in Ihrem Home-Verzeichnis eine *.png*-Datei gespeichert. scrot ist leistungsfähig und besitzt viele Optionen für seinen Aufruf – mit `scrot -h` erhalten Sie eine kurze Übersicht dazu. Eine andere Möglichkeit, scrot aufzurufen, ist ein Druck auf die *Druck-* (oder *PrtScr-*)*Taste* auf der Tastatur.

Sound in Linux

Der Raspberry Pi ist mit einer integrierten Möglichkeit zur Soundwiedergabe ausgestattet. Dadurch ist es eine beliebte Plattform für DIY-Projekte, bei denen Soundeffekte wiedergegeben werden oder Musik aus dem Internet gestreamt wird. Der Pi nutzt die *Advanced Linux Sound Architecture* oder ALSA, um Audiogeräte auf niedriger Ebene zu steuern. Sie können es mit einer bereits installierten Sounddatei und dem `aplay`-Tool für Sound-Playback testen:

```
$ aplay /usr/share/scratch/Media/Sounds/Human/PartyNoise.wav
```

Falls Sie standardmäßig ein HDMI-Display verwenden, wird die Sounddatei über HDMI abgespielt.

Um die Lautstärke anzupassen, führen Sie `alsamixer` aus und benutzen die Pfeiltasten, um den Grad der Verstärkung entsprechend zu ändern.

Sie sind nicht auf die integrierte Soundfunktionalität beschränkt – Sie können auch USB-Audiogeräte ergänzen. Viele USB-Audiogeräte verfügen über einen Audioeingang, sodass Sie mit Ihrem Raspberry Pi Audiosignale nicht nur abspielen, sondern auch aufzeichnen können.

Die einfachste Möglichkeit, ein bestimmtes Audiogerät zu aktivieren, ist, VLC aus dem Menü »Sound & Video« zu öffnen. Klicken Sie dann im Programm oben im Fenster auf Audio und wählen Sie Ihr bevorzugtes Audiogerät aus.

Upgraden Ihrer Firmware

Eine Firmware für den Raspberry Pi ist auf der SD-Karte gespeichert und enthält viele der Low-Level-Anweisungen, die ausgeführt werden müssen, bevor der Boot-Prozess an Ihr Betriebssystem übergeben wird.

Zeigt sich dabei merkwürdiges Verhalten, werden Sie eventuell versuchen, die Firmware auf Ihrer SD-Karte zu aktualisieren (auch wenn das nicht unbedingt immer notwendig ist). Bei einem mit dem Internet verbundenen Raspberry Pi lässt sich dies recht einfach bewerkstelligen:

```
$ sudo rpi-update
```

Wenn Sie das Programm ausführen und wissen möchten, welche Teile aktualisiert wurden, können Sie die neuesten Änderungen im Firmware-Repository des Raspberry Pi unter GitHub (*github.com/raspberrypi/firmware*) einsehen.

Um anzuzeigen, welche Version der Raspberry-Pi-Firmware Sie aktuell verwenden, führen Sie `vcgencmd version` aus:

```
$ vcgencmd version
Jan 27 2021 22:26:53
Copyright (c) 2012 Broadcom
version c156d00b148c30a3ba28ec376c9c01e95a77d6d5 (clean)
(release) (start)
```

Weitere Informationen

Es gibt noch viel mehr zu Linux zu sagen und viele Möglichkeiten, mehr darüber zu lernen. Hier ein paar gute Einstiegspunkte:

Linux – die wichtigen Befehle kurz & gut, von Daniel J. Barrett. O'Reilly-Verlag, 3. Auflage 2017. ISBN: 978-3-96009-034-2
So praktisch wie eine Kurzübersicht.

Linux in a Nutshell von Ellen Siever, Stephen Figgins, Robert Love und Arnold Robbins. O'Reilly & Ass., 6. Auflage 2009. ISBN: 978-0-59615-448-6
Detaillierter, aber immer noch eher eine Kurzübersicht.

The Debian Wiki *(wiki.debian.org/FrontPage)*
Das Raspberry Pi OS basiert auf Debian, daher sind viele Informationen zu Debian auch für den Pi hilfreich.

The Jargon File *(catb.org/jargon)*
Auch als *New Hacker's Dictionary* veröffentlicht. Diese Sammlung von Definitionen und Geschichten ist Pflichtlektüre, wenn man sich mit der Unix/Linux-Subkultur befassen will.

3 Andere Betriebssysteme und Linux-Distributionen

Das vorhandene Raspberry Pi OS ist sehr gut für allgemeine Computeraufgaben geeignet. Manchmal möchten Sie den Pi möglicherweise aber für einen bestimmten Zweck anpassen, zum Beispiel für den Einsatz als eigenständiges Mediacenter oder wenn Sie ein Pedal für Gitarreneffekte basteln. Das Linux-Ökosystem umfasst umfangreiche Software für jede erdenkliche Form von Anwendung. Einige Leute haben sich die Zeit genommen und die jeweils passende Software zusammengestellt, sodass Sie sich diese Arbeit sparen können. In diesem Kapitel werden nur einige der spezielleren Distributionen herausgehoben, als Ausgangspunkt für Ihre ersten Schritte.

Wenn wir den Begriff »Distribution« verwenden, sprechen wir über drei Dinge gleichzeitig:

- den Linux-Kern und die entsprechenden Treiber
- vorinstallierte Software für eine bestimmte Anwendung
- spezielle Tools für die Konfiguration oder vorkonfigurierte Tools für eine bestimmte Aufgabe (z. B. zum Booten in ein bestimmtes Programm)

Wie Sie in Kapitel 1 gesehen haben, gibt es vier gängige Distributionen für allgemeinere Zwecke. Die ersten drei finden Sie im NOOBS-Installer:

Raspberry Pi OS *(raspbian.org)*
Hierbei handelt es sich um die für den Einstieg von der Foundation empfohlene Distribution; sie basiert auf Debian. Sind Sie nicht sicher, welche Distribution Sie nutzen sollten, nehmen Sie diese.

Arch Linux *(www.archlinux.org)*
Arch Linux ist besonders für ARM-basierte Computer gedacht, sodass der Pi hier bereits sehr früh unterstützt wurde.

Pidora *(pidora.ca)*
Pidora ist eine Version der Fedora-Distribution, die auf den Pi abgestimmt wurde.

Ubuntu MATE *(ubuntu-mate.org)*
Ubuntu MATE ist eine Version der sehr beliebten Ubuntu-Distribution von Linux. Sie enthält eine abgespeckte Desktop-Oberfläche, die auf dem Raspberry Pi 2 und allen folgenden Versionen ziemlich gut nutzbar ist. Auf älteren Versionen des Raspberry Pi wird sie nicht funktionieren, weil Ubuntu nur ARMv7 und neuer unterstützt.

Im Folgenden möchten wir noch ein paar weitere interessante Linux-Distributionen und Betriebssysteme für spezielle Situationen vorstellen.

Distributionen fürs Heimkino

Lange Jahre war XBMC das bevorzugte Betriebssystem fürs Heimkino. Es begann als Mediacenter-Projekt für die Ausführung auf der Xbox. Im Laufe der Jahre hat sich XBMC allerdings zu einer allgemeineren Entertainment-Center-Plattform entwickelt, die zufällig auch sehr gut auf dem Pi eingesetzt werden kann. Im Sommer 2014 benannte die XBMC Foundation die Software in Kodi um, um die Entwicklung des Projekts in den Fokus zu rücken, da sie auf den neueren Xbox-Versionen überhaupt nicht ausgeführt werden konnte. Es gibt eine Reihe von Pi-Distributionen, die es auf einfache Art und Weise ermöglichen, Kodi in Ihr Wohnzimmer zu bringen:

OSMC (osmc.tv)
Früher hieß diese Distribution Raspbmc. Sie basiert auf Debian und Kodi. Sie unterstützt den Raspberry Pi sehr gut und kann über NOOBS installiert werden (Abb. 3–1).

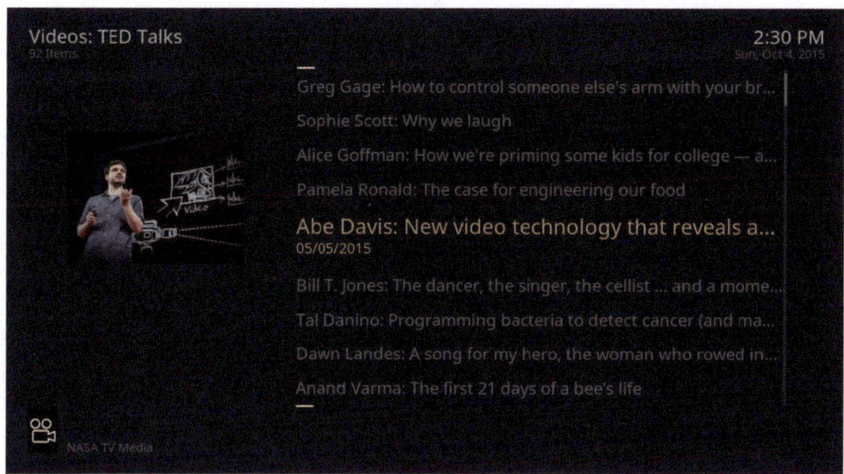

Abb. 3–1 Die Oberfläche von OSMC

OpenELEC (openelec.tv)

Das Open Embedded Linux Entertainment Center ist eine auf das Wesentliche reduzierte Version von Kobi und möglicherweise für Pi-Nutzer reizvoll, die es minimalistischer mögen (Abb. 3–2).

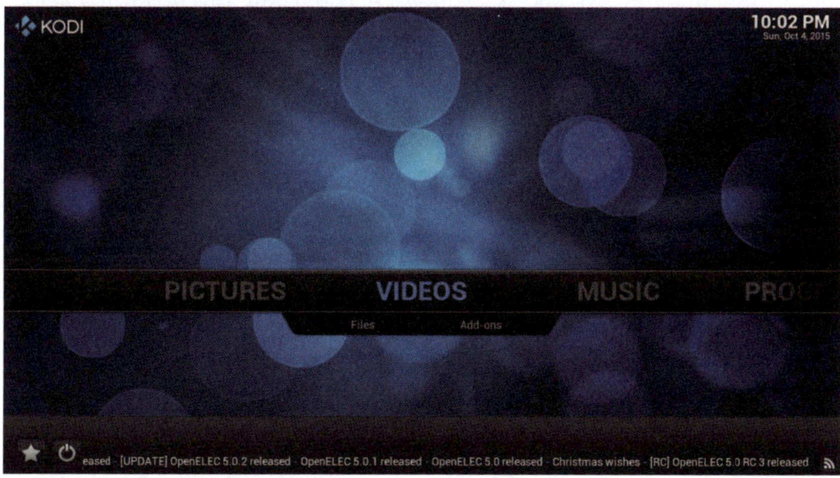

Abb. 3–2 Das Hauptmenü von The Open Embedded Linux Entertainment Center (OpenELEC)

Distributionen für Musik

Da er preiswert ist und in eine Stomp Box für Gitarreneffekte eingepasst werden kann, gibt es seit seinem Erscheinen in der Welt der elektronischen Musik einen Hype um den Pi. Hier einige Beispiele:

Satellite CCRMA (stanford.io/1riPJsE)
Diese Distribution vom Stanford's Center for Computer Research in Music and Acoustics (CCRMA) ist für integrierte Musikinstrumente und Kunstinstallationen sowie für Effektpedale gedacht. Das ursprüngliche Grundprinzip wird in der Abhandlung »Satellite CCRMA: A Musical Interaction and Sound Synthesis Platform« (*bit.ly/1qol7Wo*) von Edgar Berdahl und Wendy Ju beschrieben.

Volumio (volumio.org)
Ein Music Player für Audiophile. Dieses Projekt entwickelte sich aus RaspyFi (*www.hifiberry.com/hbdigi*).

PiCore Player (www.picoreplayer.org)
Dies ist eine vollausgestattete Distribution zum Abspielen von Musik für nahezu alle Modelle des Pi. Sie können damit Ihre Playlists von Spotify, Tidal oder anderen Musik-Streaming-Diensten auf Ihrem Pi abspielen, aber auch auf lokale Musik-Playlisten auf einem lokalen Laufwerk zugreifen.

PiMusic Box (www.pimusicbox.com)
Eine weitere Distribution für einen Musik-Player für lokale und Streaming-Playlists. Wie der PiCore Player ist sie außerordentlich schlank, sodass sie auf jeder Version des Pi laufen kann – selbst auf dem Zero W.

An der Musikfront möchten Sie vielleicht die modulare Musik-Plattform Sun Vox für den Pi ausprobieren (*www.warmplace.ru/soft/sunvox*).

Auch wenn es nicht auf den Raspberry Pi als Plattform beschränkt ist: Es gibt ein faszinierendes Programm namens Sonic Pi (*sonic-pi.net*), das sich musikliebende Programmierer anschauen sollten. Es ermöglicht Ihnen, in Echtzeit Musik zu erschaffen, indem Sie Befehle schreiben, und es wurde schon sehr unterschiedlich eingesetzt – zum Beispiel zum Lernen oder für Hintergrundmusik in Nachtclubs.

Retrocomputing und Retrogaming

Der Pi wurde von den preiswerten Personal-Computern der 1980er Jahre inspiriert. Es scheint daher passend, dass etliche Distributionen nostalgisches Retrocomputing und -gaming zum Ziel hatten:

RISCOS *(www.riscosopen.org/content)*
Bootet direkt in BASIC!

RetroPie *(retropie.org.uk)*
Ein SD-Karten-Image und GPIO-Hardware-Board, mit denen das Entwickeln von Konsolen für das Retrogaming erleichtert wird.

PiPlay *(piplay.org)*
Eine vorgefertigte Distribution für Gaming und Emulation auf Basis von MAME (vormals PiMAME).

Es ist kein Betriebssystem, aber wenn Sie sich für Retro-Text-Adventures interessieren, probieren Sie einmal Frotz aus:

```
sudo apt-get install frotz
```

Das Internet of Things

Das *Internet of Things* (Internet der Dinge) oder *IoT* beschreibt die Welt der Geräte, die mit dem Internet verbunden sind. Dabei kann es sich um Thermostate handeln, um Körperwaagen oder Türklingeln, die sich remote über die Mobile-App Weborina ansprechen lassen. Das IoT geht aber auch über den normalen Privathaushalt hinaus. Große Firmen bringen ihre Maschinen online, um sie überwachen zu können, auch wenn diese über die ganze Welt verteilt sind.

Aufgrund der niedrigen Kosten des Raspberry Pi und seiner Netzwerkmöglichkeiten ist er eine gute Wahl für das Experimentieren mit dem Internet of Things – insbesondere der Pi Zero W. Sie können dafür zwar auch das Raspberry Pi OS nutzen (siehe dazu auch den Abschnitt »Das Web mit der realen Welt verbinden«, S. 188), aber es gibt ein paar Betriebssysteme, die auf IoT ausgerichtet sind.

UbuntuCore (ubuntu.com/core)
UbuntuCore ist für die Modelle 2, 3 und 4 des Raspberry Pi verfügbar. Es handelt sich um eine Linux-Distribution für Geräte und Cloud-Server. Das Betriebssystem ist sehr stark abgespeckt und es ist sehr spezifisch bezüglich der Anwendungsversionen, die installiert werden können, um Ihr Projekt zu unterstützen. Es ist dazu gedacht, schlanker, schneller, zuverlässiger und sicherer zu sein. Ursprünglich war es für Embedded Applications entworfen worden, ist aber zusammen mit den Fähigkeiten des Pi gewachsen, und Sie können mittlerweile einen kompletten Ubuntu-Server auf Ihrem Pi installieren!

Windows 10 IoT Core (dev.windows.com/en-us/iot)
Mit dem Release von Windows 10 hat sich Microsoft besonders auf IoT gestürzt und Windows 10 IoT Core vorgestellt. Es enthält nicht die vollständige Desktop-Oberfläche von Windows, aber Entwickler können jetzt universelle Windows-Anwendungen auf den Raspberry Pi 2 und 3 deployen. (Aktuell läuft IoT Core leider nicht auf dem Pi 4.) Haben Sie schon Erfahrung mit dem Entwickeln von Windows-Anwendungen, probieren Sie Windows 10 IoT Core auf dem Raspberry Pi einmal aus – es sollte keine Probleme verursachen. Sind Sie daran interessiert, gibt es bei Microsoft ausgezeichnete Einstiegsdokumentation.

Andere nützliche Distributionen

Hier einige weitere erwähnenswerte Distributionen:

Qt on Pi (www.qt.io)
Ein Betriebssystem-Bundle für Entwickler von eigenständigen Anwendungen, die nur einen bestimmten Zweck erfüllen, wobei das QtGUI-Framework verwendet wird.

Web kiosk (www.binaryemotions.com)
Für das Betreiben von Internet-Kiosken und das Erstellen digitaler Beschilderung.

Openwrt (openwrt.org)
Mit dieser Open-Source-Plattform für Router wandeln Sie Ihren Pi in einen leistungsstarken Router um.

OctoPrint *(octoprint.org)*
Mit OctoPrint können Sie Ihren 3D-Drucker über Ihr Netzwerk ansteuern. Verbinden Sie ihn einfach mit einem Raspberry Pi und booten Sie vom OctoPiSD-Karten-Image.

Weitere Informationen

Eine Liste der Linux-Distributionen, die mit dem Raspberry Pi eingesetzt werden können *(bit.ly/1BW4SGp)*
Es handelt sich hierbei um die vollständige Liste auf dem Raspberry-Pi-Hub.

Raspberry Pi Downloads *(www.raspberrypi.org/downloads)*
Der Download-Bereich der Website der Raspberry Pi Foundation. Hier finden Sie eine Übersicht über erwähnenswerte Betriebssysteme und Distributionen.

4 Python auf dem Pi

Python ist eine tolle erste Programmiersprache – sie ist klar strukturiert und man kommt schnell zu Ergebnissen. Wichtiger ist noch, dass es viele andere Anwender gibt, die man bei Problemen fragen und mit denen man Code teilen kann.

Guido van Rossum hat Python im Jahr 1991 entworfen und sehr schnell ihre Eignung als erste Programmiersprache erkannt. 1999 hat van Rossum ein viel gelesenes Proposal namens »Computer Programming for Everybody« (*www.python.org/doc/essays/cp4e.html*) geschrieben, in dem sich eine Vision für ein ambitioniertes Programm zum Programmieren-Lernen mit Python an Grund- und Mittelschulen findet. Mehr als ein Jahrzehnt später sieht es so aus, als ob sich diese Vision durch die große Beliebtheit und den Einsatz des Raspberry Pi in der Schule erfüllt.

Python ist eine *Interpreter-Sprache*, Sie können also ein Programm oder Skript schreiben und es direkt ausführen lassen, statt es erst in Maschinencode zu kompilieren. Mit Interpreter-Sprachen kann man schneller Programme schreiben, und Sie haben ein paar angenehme Nebeneffekte. So müssen Sie zum Beispiel in Python dem Computer nicht explizit mitteilen, ob es sich bei einer Variablen um eine Zahl, eine Liste oder einen String handelt. Der Interpreter ermittelt den Datentyp selbst, wenn Sie das Skript ausführen.

Der Python-Interpreter kann auf zwei Arten ausgeführt werden: als interaktive Shell, um einzelne Befehle zu starten, oder als Befehlszeilenprogramm, um Skripten laufen zu lassen. Die integrierte Entwicklungsumgebung (Integrated Development Environment, IDE), die für Python auf dem Raspberry Pi zur Verfügung steht, nennt sich IDLE. Die aktuellste Version des Raspberry Pi OS bringt IDLE nicht mehr länger mit, sondern setzt stattdessen auf Geany und Thonny. Beide IDEs sind meiner Meinung nach etwas robuster als IDLE, bei der es sich mehr um eine einfache Befehlszeilenumgebung handelt.

Das große Python-Versionsrätsel

Experimentieren Sie mit dem Pi, werden Sie vielleicht feststellen, dass es zwei Python-Versionen auf dem Pi gibt. Das ist gängige Praxis (allerdings auch ein bisschen verwirrend). Zum Zeitpunkt der Entstehung dieses Buches ist Python 3 die neueste Version und auch die einzige, die aktiv weiterentwickelt wird – die Unterstützung von Python v2.7 wurde im Januar 2021 eingestellt. Leider gab es beim Wechsel von Version 2 auf Version 3 Änderungen an der Sprache, sodass sie nicht abwärtskompatibel ist. Und obwohl Python 3 schon seit ein paar Jahren im Einsatz ist, hat es eine ganze Zeit gedauert, bis sich diese neue Version auch verbreitet hat. Viele Pakete, die von Anwendern kommen, sind immer noch nicht auf Python 3 aktualisiert. Wenn Sie nach Python-Dokumentationen suchen, wird es noch verwirrender – achten Sie darauf, die richtige Version zu verwenden!

Sie können Python 3 explizit so starten:

```
python3
```

Die Beispiele in diesem Buch funktionieren sowohl mit Python 2.7 als auch 3.X, sofern nicht explizit darauf hingewiesen wird, aber sie sind komplett in der Syntax von Python 3 geschrieben (zum Beispiel mit dem Verwenden von öffnenden und schließenden Klammern in print-Anweisungen).

Hallo Python

Am besten steigt man in Python ein, indem man direkt loslegt. Sie können zwar einen beliebigen Texteditor nutzen, um Skripten zu schreiben, aber wir werden mit der IDLE-3-Anwendung einsteigen. Klicken Sie dazu auf das Desktop-Menü unten links und wählen Sie dann Programming→ Python (IDLE 3).

Wenn IDLE geladen ist, sehen Sie ein Fenster mit der interaktiven Shell. Das dreifache Größer-Zeichen (>>>) ist der interaktive Prompt – wenn Sie es sehen, heißt das, dass der Interpreter auf Ihre Eingabe wartet. Geben Sie dort Folgendes ein:

```
>>> print("SalutonMondo!")
```

Drücken Sie nun die Eingabetaste. Python führt diese Anweisung aus, und Sie werden das Ergebnis im Shell-Fenster sehen. Sie können die Shell als eine Art Taschenrechner nutzen, um Anweisungen auszuprobieren oder Berechnungen durchzuführen:

```
>>> 3+4+5
12
```

Stellen Sie sich die Anweisungen, die in der interaktiven Shell ausgeführt werden, als ein Programm vor, das Sie Zeile für Zeile laufen lassen. Sie können sogar Variablen einrichten oder Module importieren:

```
>>> import math
>>> (1 + math.sqrt(5)) / 2
1.618033988749895
```

Die `import`-Anweisung stellt Ihrem Programm alle mathematischen Funktionen von Python zur Verfügung (mehr zu Modulen in Abschnitt »Objekte und Module«, S. 75). Um eine Variable einzurichten, nutzen Sie den Zuweisungsoperator (`=`):

```
>>> import math
>>> radius = 20
>>> radius *2* math.pi
1256.6370614359173
```

Wollen Sie alle Variablen abräumen und in einem sauberen Status neu beginnen, wählen Sie aus dem Menü Shell→Restart Shell. Sie können auch die interaktive Shell verwenden, um Informationen über den Einsatz einer bestimmten Anweisung, eines Moduls oder anderer Python-Themen zu erhalten. Dazu greifen Sie auf den Befehl `help()` zurück:

```
help ("print")
```

Um eine Liste aller verfügbaren Themen zu erhalten, probieren Sie einmal Folgendes aus:

```
help ("topics")
help ("keywords")
help ("modules")
```

Der Python-Interpreter ist ideal zum Austesten von Anweisungen oder einfachen Operationen. Häufig werden Sie aber Ihr Python-Skript wie eine eigenständige Anwendung ausführen wollen. Um ein neues Python-Programm aufzusetzen, wählen Sie File→New Window, dann bietet Ihnen IDLE ein Fenster zur Skript-Bearbeitung (siehe Abb. 4–1).

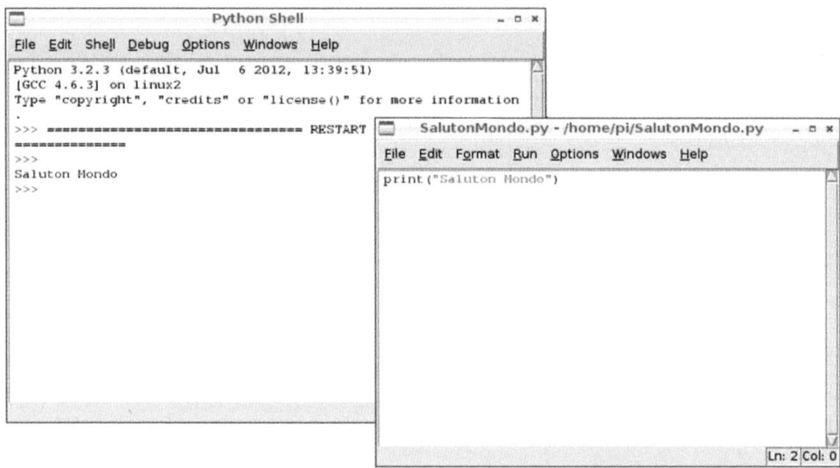

Abb. 4–1 Die interaktive Shell von IDLE (links) und ein Editor-Fenster (rechts)

Geben Sie einmal eine Codezeile ein und rufen Sie dann Run→Run Module auf. Sie werden eine Warnung erhalten: »Source Must Be Saved OK To Save?«. Sichern Sie Ihr Skript in Ihrem Home-Verzeichnis als *SalutonMondo.py* und sehen Sie dann, wie es in der Shell ausgeführt wird.

Manchmal werden Sie die IDLE-Umgebung nicht nutzen wollen. Um ein Skript von der Befehlszeile auszuführen, öffnen Sie das Terminal und tippen Sie:

```
python3 SalutonMondo.py
```

Das sind schon alle grundlegenden Mechanismen, die Sie kennen müssen, um mit der Umgebung vertraut zu sein. Als Nächstes müssen Sie noch die Sprache erlernen.

Ein bisschen mehr Python

Wenn Sie sich Python aus der Arduino-Welt nähern, sind Sie es gewohnt, Programme (in Arduino *Sketches* genannt, in Python eher *Skripten*) in einem setup/loop-Format zu schreiben, wobei `setup()` eine Funktion ist, die nur einmal ausgeführt wird, während die Funktion `loop()` wieder und wieder läuft. Das folgende Beispiel zeigt, wie man das in Python erreichen kann. Wählen Sie an der Shell in IDLE 3 den Befehl New Window und geben Sie das Folgende ein:

```
# Setup
n=0
# Loop
while True:
    n = n + 1
    # % ist der Modulo-Operator
    if ((n % 2) == 0):
    print(n)
```

Wählen Sie Run Module und geben Sie Ihrem Skript einen Namen (wie zum Beispiel *CountEvens.py*). Während es läuft, sollten alle geraden Zahlen ausgegeben werden (drücken Sie aber irgendwann `Strg`-`C`, um die Ausgabe abzubrechen, sonst läuft es bis in alle Ewigkeit).

Sie können dies auch mittels der `for`-Schleife, bei der nur die ersten 100 Zahlen vom Typ Integer gezählt werden, implementieren:

```
for n in range (0, 100):
    if ((n % 2) == 0):
    print(n)
```

Im voranstehenden Beispiel ist Ihnen vielleicht aufgefallen, dass jede Einrückstufe aus vier Leerzeichen besteht, nicht aus einem Tabulatorzeichen. (Sie können in IDLE allerdings Tab drücken, es werden dann vier Leerzeichen eingefügt.) In Python ist das Einrücken nicht nur eine Lesehilfe, sondern es hat auch eine strukturelle Bedeutung – ähnlich den Codeblöcken innerhalb von geschweiften Klammern in C oder JavaScript.

Dies ist einer der größten Fallstricke für Einsteiger, insbesondere beim Kopieren und Einfügen von Code. Wir sind allerdings trotzdem der Meinung, dass das verpflichtende Einrücken Python zu einer sehr gut lesbaren Sprache macht. In den Python Style Guidelines (*bit.ly/1ne4xO5*) finden Sie Tipps zum Schreiben von lesbarem Code.

Es ist wichtig, auf Ihre Leerzeichen zu achten. Python ist eine sehr strukturierte Sprache, bei der Whitespace (also Leerzeichen, Tabs und so weiter) die Struktur festlegen. Im nächsten Beispiel ist alles, was unter der `loop()`-Funktion um eine Ebene eingerückt ist, Teil dieser Funktion. Das Ende einer Schleife wird durch die Zeile bestimmt, in der die Einrückung wieder eine Ebene zurückgesetzt ist (oder durch das Ende der Datei). Das unterscheidet Python von Sprachen wie C, bei denen Blöcke durch geschweifte Klammern oder andere Kennzeichen abgeschlossen werden.

Verwenden Sie Funktionen, um Codeabschnitte in einen Codeblock umzuwandeln, der an anderer Stelle in Ihrem Skript aufgerufen werden kann. Um das vorige Beispiel mit Funktionen umzuschreiben, nutzen Sie den folgenden Code (wenn Sie es ausführen wollen, speichern Sie es als *CountEvens.py*):

```
# Globale Variablen deklarieren
n=0  ❶
# Setup-Funktion
def setup():  ❷
    global n
n = 100
def loop():  ❸
    global n
    n = n + 1
    if ((n % 2) == 0):
    print(n)
# Main  ❹
setup()
while True:
    loop()
```

In diesem Beispiel wird jede gerade Zahl ab 102 ausgegeben. So funktioniert das Programm:

❶ Als Erstes wird die Variable `n` als globale Variable definiert, die in allen Blöcken des Skripts genutzt werden kann.

❷ Hier wird die Funktion `setup()` definiert (aber noch nicht ausgeführt).

❸ Genauso findet sich hier die Definition der Funktion `loop()`.

❹ Im Hauptcodeblock wird `setup()` einmalig aufgerufen und danach `loop()`.

Die Verwendung des Schlüsselworts `global` in der ersten Zeile jeder Funktion ist wichtig – sie weist den Interpreter an, die globale Variable `n` zu verwenden und keine zweite (lokale, oder für diese Funktion private) Variable `n` zu erzeugen, die nur hier genutzt werden kann.

Dieses Tutorial ist zu kurz für eine vollständige Python-Referenz. Um die Sprache wirklich zu erlernen, schauen Sie sich vielleicht einmal *Learning Python the Hard Way* (*learnpythonthehardway.org*), *Think Python* (O'Reilly) oder *Python – kurz & gut* (O'Reilly) an. Der Rest dieses Kapitels wird Sie mit genug Wissen ausstatten, dass Sie die späteren Beispiele verstehen und ausführen können. Dabei lernen Sie die grundlegenden Features und verfügbaren Module kennen.

Befehlszeile oder IDLE?

Ihnen wird vielleicht auffallen, dass die Ausgabe von IDLE beim Ausführen von Beispielcode, der Text in der Shell ausgibt, sehr langsam ist. Für einen Vergleich können Sie IDLE und ein neues Terminal parallel offen haben. Führen Sie in IDLE das CountEvens-Skript per Run Module aus – es benötigt einen Vorsprung. Dann geben Sie an der Befehlszeile im Terminal Folgendes ein:

```
python3 CountEvens.py
```

Sie werden schnell merken, wie stark die IDE das Skript auf dem doch nur begrenzt schnellen Pi ausbremst. Die Beispiele weiter unten im Buch werden alle an der Befehlszeile ausgeführt, Sie können aber IDLE natürlich trotzdem als Editor nutzen.

Objekte und Module

Sie müssen die Syntax-Grundlagen der Objekte und Module verstehen, um die Beispiele in diesem Buch nutzen zu können. Python ist eine aufgeräumte Sprache mit nur 35 reservierten *Schlüsselwörtern* (siehe Tab. 4–1). Diese Schlüsselwörter bilden den Kern der Sprache, mit dem Sie die Struktur und den Ablauf in Ihrem Skript definieren. So gut wie alles, was kein Schlüsselwort ist, können Sie sich als ein *Objekt* vorstellen. Dabei handelt es sich um eine Kombination aus Daten und Verhaltensweisen mit einem Namen. Sie können die Daten eines Objekts ändern, Informationen darüber auslesen und sogar andere Objekte beeinflussen.

Bedingte Anweisungen	Schleifen	Eingebaute Funktionen	Klassen, Module, Funktionen	Fehler-behandlung
if	for	print	class	try
else	in	pass	def	def
elif	while	del	global	finally
not	break	lambda	break	raise
or	as		nonlocal	assert
and	continue		yield	with
is			import	
True			return	
False			from	
None				

Tab. 4–1 Python besitzt nur 35 reservierte Schlüsselwörter

In Python sind Strings, Listen, Funktionen, Module und selbst Zahlen Objekte. Ein Python-Objekt kann man sich als gekapselte Sammlung von Attributen und Methoden vorstellen. (Wenn Sie sich nicht ganz sicher sind: Attribute werden manchmal auch als Variablen bezeichnet, Methoden als Funktionen. In der Welt der Software kommen diese Begriffe häufig synonym zum Einsatz, insbesondere Methoden und Funktion.) Sie erhalten Zugriff auf diese Attribute und Methoden über eine einfache Punkt-Syntax. Geben Sie zum Beispiel den folgenden Code am interaktiven Shell-Prompt ein, um ein String-Objekt zu erstellen und die Methode aufzurufen, mit der es bei sich selbst den Wortanfang in Großbuchstaben umwandelt:

```
>>> myString = "quux"
>>> myString.capitalize()
'Quux'
```

Oder nutzen Sie `reverse()`, um die Reihenfolge einer Liste umzukehren:

```
>>> myList = ['a', 'man', 'a', 'plan', 'a', 'canal']
>>> myList.reverse()
>>> print(myList)
['canal', 'a', 'plan', 'a', 'man', 'a']
```

Sowohl String als auch List sind eingebaute Module der *Standardbibliothek*, die jedem Python-Programm zur Verfügung stehen. In den beiden Modulen finden sich sehr viele Funktionen für den Umgang mit Strings und Listen, wie zum Beispiel `capitalize()` und `reverse()`.

Manche der Module der Standardbibliothek sind nicht eingebaut. Sie müssen Python mit der Anweisung `import` explizit mitteilen, dass Sie sie nutzen wollen. Um das Modul `time` aus der Standardbibliothek zu nutzen und Zugriff auf hilfreiche Funktionen für den Umgang mit Zeitwerten und Timestamps zu erhalten, verwenden Sie:

```
import time
```

Sie werden auch einmal die Anweisung `import as` sehen, mit der sich das Modul in Ihrem Programm umbenennen lässt:

```
import time as myTime
```

Dazu kommt noch `from import`, um ausgewählte Funktionen aus einem Modul zu laden:

```
from time import clock
```

Hier ein kurzes Beispiel für ein Python-Skript, das die Module `time` und `datetime` aus der Standardbibliothek nutzt, um in jeder Sekunde die aktuelle Uhrzeit auszugeben:

```
from datetime import date time
from time import sleep
while True:
now = str(datetime.now())
print(now)
sleep(1)
```

Die Funktion `sleep` stoppt die Ausführung des Programms für eine Sekunde. Beim Ausführen des Codes wird Ihnen auffallen, dass sich die Zeit auf Dauer ein wenig verschiebt.

Das hat zwei Gründe:

- Der Code berücksichtigt nicht, dass das Berechnen der aktuellen Uhrzeit auch Zeit kostet.
- Andere Prozesse nutzen ebenfalls die CPU des Pi und nehmen Ihrem Programm Rechenzeit weg. Daran sollten Sie immer denken: Wenn Sie auf dem Raspberry Pi programmieren, arbeiten Sie nicht in einer *Real-Time-Umgebung*.

Wenn Sie die Funktion `sleep()` verwenden, werden Sie bemerken, dass sie eine Genauigkeit von ungefähr 5 ms besitzt. Sie können das auch so lesen, dass die Funktion `sleep()` auf etwa 5 ms genau ist, aber nicht genauer. Müssen Sie Ihr Programm für weniger als 5 ms pausieren lassen, sollten Sie sich eventuell Gedanken über den Einsatz eines Real-Time-Betriebssystems oder eines Microcontrollers für Ihre Anwendung machen, weil der Pi diese Anforderungen eher nicht erfüllen kann.

Als Nächstes wollen wir das Beispiel anpassen, eine Textdatei öffnen und regelmäßig Daten protokollieren. Wenn es um Textdateien geht, ist alles in Python ein String.

Mit der Funktion `str()` wandeln Sie Zahlen in Strings um (mit `int()` können Sie den umgekehrten Weg gehen). Das wird als *Casting* einer Variable bezeichnet:

```
from datetime import datetime
from time import sleep
import random

log = open ("log.txt", "w")

for i in range(5):
    now = str(datetime.now())
    # Generate some random data in the range 0-1024
    data = random.randint(0, 1024)
    log.write(now + " " + str(data) + "\n")
    print(".")
    sleep(.9)
log.flush()
log.close()
```

Achten Sie bei einer echten Anwendung, die Daten protokolliert, darauf, dass der Raspberry Pi Datum und Uhrzeit korrekt eingestellt hat (siehe Abschnitt »Datum und Uhrzeit setzen«, S. 55).

Hier ein weiteres Beispiel (*ReadFile.py*), bei dem ein Dateiname als Argument eingelesen wird (in der Shell starten Sie das Programm mit `python3 ReadFile.py` *`Dateiname`*). Das Programm öffnet die Datei, liest jede Zeile als String ein und gibt ihn aus. Beachten Sie, dass `print()` wie `println()` in anderen Sprachen funktioniert – die Funktion fügt bei der Ausgabe des Strings einen Zeilenumbruch ein. Mit dem Argument `end` bei `print()` wird dieser Zeilenumbruch verhindert:

```
# Eine Datei als Befehlszeilenparameter öffnen und einlesen
import sys

if (len(sys.argv) != 2):
    print("Usage: python3 ReadFile.py filename")
    sys.exit()

scriptname = sys.argv[0]
filename = sys.argv[1]

file = open(filename, "r")
lines = file.readlines()
file.close()

for line in lines:
print(line,end = '')
```

Noch mehr Module

Einer der Gründe für die Beliebtheit von Python ist die große Zahl an von Anwendern bereitgestellten Modulen, die auf der Standardbibliothek aufbauen. Der Python Package Index oder PyPI (*pypi.org*) ist die umfassendste Liste mit Paketen (oder Modulen), die für die Sprache zur Verfügung stehen. Manche der beliebteren Module, die auch für den Raspberry Pi sehr nützlich sind, finden Sie in Tab. 4–2 aufgeführt. Sie werden einige dieser Module später noch verwenden, insbesondere das Modul GPIO für den Zugriff auf die Ein- und Ausgabe-Pins des Raspberry Pi.

Modul	Beschreibung	URL	Paketname
RPi.GPIO	Zugriff auf die GPIO-Pins	*sourceforge.net/projects/raspberry-gpio-python*	python-rpi.gpio
GPIOzero	vereinfachter Zugriff auf GPIO-Pins	*gpiozero.readthedocs.org*	python-gpiozero
Pygame	Gaming-Framework	*pygame.org*	pythonpygame
OpenCV	einfache API für Computer Vision	*opencv.org/*	opencv-python
Scipy	wissenschaftliches Rechnen	*www.scipy.org*	python-scipy
Numpy	die numerischen Grundlagen zu Scipy	*numpy.scipy.org*	python-numpy
Flask	Microframework für Webentwicklung	*flask.palletsprojects.com*	python-flask
Feedparser	Parser für Atom- und RSS-Feeds	*pypi.python.org/pypi/feedparser*	Kein Paket
Requests	»HTTP für Menschen«	*docs.python-requests.org*	python-requests
PIL	Bildverarbeitung	*www.pythonware.com/products/pil*	python-imaging
wxPython	GUI-Framework	*wxpython.org*	python-wxgtk2.8
pySerial	Zugriff auf den seriellen Port	*github.com/pyserial/pyserial*	python-serial
PyUSB	FTDI-USB-Schnittstelle	*bleyer.org/pyusb*	Kein Paket

Tab. 4–2 Für Pi-Anwender besonders interessante Pakete

Um eines dieser Module zu nutzen, müssen Sie den Code herunterladen, das Paket konfigurieren und installieren. Das Modul `NumPy` beispielsweise kann folgendermaßen installiert werden:

```
sudo apt install python-numpy
```

Wurde ein Paket von seinem Ersteller auf dem üblichen Weg (mit Pythons distutils-Tool) aus seinen Modulen gebaut, müssen Sie es nur herunterladen, entpacken und das Folgende eingeben:

```
python setup.py install
```

Einfaches Installieren von Modulen mit Pip

Viele Module lasse sich mit apt installieren. Möglicherweise ist für Sie auch der Pip Package Installer (*www.pypa.io*) interessant. Hierbei handelt es sich um ein Tool, mit dem sich auf sehr einfache Weise Packages von der PyPI-Bibliothek installieren lassen. Installieren Sie Pip mittels `apt`:

```
sudo apt install python3-pip
```

Anschließend können Sie bei der Installation der meisten Module Pip einsetzen, um die Downloads und Abhängigkeiten zu verwalten. Hier ein Beispiel:

```
pip3 install flask
```

In späteren Kapiteln werden Sie sehr ausgiebig anwendungsspezifische Module nutzen, aber hier kommt schon einmal ein Beispiel, das zeigt, wie mächtig einige Module sein können. Das Feedparser-Modul ist ein universeller Parser, der RSS- oder Atom-Feeds erfasst und einen einfachen Zugriff auf deren Inhalt erlaubt. Weil die meisten Streams mit Informationen im Web mit RSS- oder Atom-Ausgabe arbeiten, ist der Feedparser eine der Möglichkeiten, Ihren Raspberry Pi im Internet of Things einzubinden.

Installieren Sie zunächst das Feedparser-Modul mittels Pip (siehe Kasten: »Einfaches Installieren von Modulen mit Pip«):

```
pip3 install --user feedparser
```

Mit Feedparser können Sie RSS-Feeds in Ihrem Python-Code herunterladen und parsen – daher der Name.

Um ihn zu nutzen, übergeben Sie einfach die URL eines RSS-Feeds an die Parse-Funktion. Feedparser wird das XML des Feeds abrufen, entsprechend parsen und in eine spezielle Datenlistenstruktur, ein sogenanntes *Verzeichnis* (*Dictionary*), umwandeln. Ein Python-Verzeichnis ist eine Liste mit Schlüssel/Wert-Paaren, die manchmal auch als *Hash* oder *asso-*

ziatives Array bezeichnet werden. Der geparste Feed ist ein Verzeichnis, und bei den geparsten Elementen handelt es sich ebenfalls um ein Verzeichnis, wie in diesem Beispiel gezeigt wird, in dem das aktuelle Wetter in Providence, Rhode Island, von *weather.gov* abgerufen wird:

```
import feedparser

feed_url = "http://w1.weather.gov/xml/current_obs/KPVD.rss"
feed = feedparser.parse(feed_url)
RSSitems = feed["items"]
for item in RSSitems:
    weather = item["title"]
    print(weather)
```

Andere Programme von Python aus starten

Bei Python ist es recht einfach, mittels des Moduls `sys.subprocess` andere Programme auf Ihrem Pi anzustoßen. Versuchen Sie Folgendes:

```
from datetime import datetime
from time import sleep
import subprocess
for count in range(0,  60):
filename = str(datetime.now()) + ".jpg"
subprocess.call(["fswebcam", filename])
sleep(60)
```

Dies ist ein einfaches Zeitraffer-Skript, bei dem eine Stunde lang einmal pro Minute ein Foto mit einer Webcam geschossen wird. Auf Kameras wird detaillierter in Kapitel 9 eingegangen. Dieses Programm sollte funktionieren, wenn eine USB-Kamera angeschlossen und das Programm `fswebcam` installiert ist. Für diese Installation führen Sie zunächst den folgenden Befehl aus:

```
sudo apt install fswebcam
```

Die Funktion `subprocess.call` übernimmt eine Liste von Strings, verknüpft sie (mit Leerzeichen dazwischen) und versucht, das angegebene Programm auszuführen. Wenn es sich um ein gültiges Programm handelt, erzeugt der Raspberry Pi dafür einen separaten Prozess, der neben dem Python-Skript läuft. Der Befehl im voranstehenden Beispiel entspricht der folgenden Eingabe an einem Terminal-Prompt:

```
fswebcam 20220812.jpg
```

Um beim Programmaufruf weitere Parameter hinzuzufügen, ergänzen Sie die Liste in der Funktion `subprocess.call` um entsprechende Strings:

```
subprocess.call(["fswebcam", "-r", "1280x720", filename])
```

Mittels dieses Codes wird dem Programm `fswebcam` ein Parameter geschickt, um die Auflösung des erzeugten Bildes zu ändern.

Ein Python-Skript automatisch beim Start ausführen

Da der Pi als Stand-alone-Gerät fungieren kann, stellt sich häufig die Frage, wie ein Python-Skript automatisch gestartet werden kann, wenn der Pi hochgefahren wird. Die Antwort besteht darin, einen Zugang zur Datei */etc/rc.local* hinzuzufügen, die genau für diesen Zweck in der Linux-Welt genutzt wird. Bearbeiten Sie einfach die Datei

```
sudo nano /etc/rc.local
```

und fügen Sie einen Befehl zum Ausführen des Skripts zwischen dem kommentierten Abschnitt und `exit 0` ein – ungefähr so:

```
/usr/bin/python3 /home/pi/foo.py&
```

Durch das Kaufmanns-Und am Ende wird das Skript als Hintergrundprozess ausgeführt, und für alle anderen Dienste auf dem Pi kann der Boot-Prozess fortgesetzt werden. Beachten Sie auch, dass Sie den vollständigen Pfad für die ausführbare Python-Datei angeben – das kann notwendig sein, wenn Ihr Pi mehrere Benutzer kennt.

Fehlerbehebung

Sie werden mit Ihrem Code ganz unvermeidlich auf Probleme stoßen und einen Fehler suchen müssen. Der IDLE Interactive Mode kann hier sehr hilfreich sein – das Debug-Menü bietet eine Reihe von Tools, mit deren Hilfe Sie herausbekommen können, was Ihr Code tatsächlich tut. Sie haben auch die Möglichkeit, alle Ihre Variablen anzeigen und den Code Zeile für Zeile ausführen zu lassen.

Syntaxfehler lassen sich am einfachsten beheben – normalerweise handelt es sich nur um einen Tippfehler oder ein falsches Verständnis der Programmiersprache. *Semantische Fehler*, bei denen das Programm an sich korrekt ist, aber nicht das tut, was es soll, können schwieriger zu finden sein. Hier kann der Debugger sehr hilfreich sein. Es braucht Jahre, effektives Debuggen zu erlernen, aber hier eine kurze Checkliste, die Sie bei der Arbeit mit Python auf dem Pi berücksichtigen sollten:

- Nutzen Sie `print()`, um anzuzeigen, dass das Programm einen bestimmten Punkt erreicht hat.
- Mit `print()` können Sie auch die Werte von Variablen ausgeben lassen.
- Achten Sie ganz besonders auf Whitespace, um sicherzustellen, dass die Blöcke so definiert sind, wie Sie sich das vorgestellt haben.
- Denken Sie beim Debuggen von Syntaxfehlern daran, dass der tatsächliche Fehler weit vor der Stelle liegen kann, die der Interpreter meldet.
- Prüfen Sie noch einmal alle Ihre globalen und lokalen Variablen.
- Achten Sie auf korrekt schließende Klammerpaare.
- Schauen Sie sich die Reihenfolge der Operationen bei Rechnungen an – wenn Sie sich nicht sicher sind, nutzen Sie Klammern. So liefern zum Beispiel `3 + 4 * 2` und `(3 + 4) * 2` verschiedene Ergebnisse.

Nachdem Sie sich mit Python vertraut gemacht und Erfahrung gesammelt haben, sollten Sie einmal einen Blick auf die Module `code` und `logging` werfen – dort finden Sie weitere Debugging-Tools.

Weitere Informationen

Es gibt noch viel mehr zu Python zu sagen. Hier ein paar nützliche Ressourcen:

Programmieren lernen mit Python. Einstieg in die Programmierung
von Allen Downey
Dies ist ein klares und recht kompaktes Buch zum Programmieren-Lernen (in Python). O'Reilly-Verlag, 2. Ausgabe 2014.
ISBN 978-3-95561-806-3

Python – kurz & gut
von Mark Lutz
Weil es manchmal besser ist, ein Buch durchzublättern, als sich durch ein Dutzend Posts bei Stack Overflow durchzuklicken. O'Reilly-Verlag, 5. Auflage 2014. ISBN 978-3-95561-770-7

***Stack Overflow** (stackoverflow.com)*
Stack Overflow ist trotzdem eine ausgezeichnete Quelle kollektiven Wissens. Das funktioniert besonders gut, wenn Sie nach einer bestimmten Lösung oder Fehlermeldung suchen – bestimmt hatte schon mal jemand anderes das gleiche Problem.

***Learn Python the Hard Way** (learnpythonthehardway.org)*
von Zed Shaw
Ein tolles Buch und eine tolle Online-Ressource – lesen Sie zumindest die Einführung »The Hard Way Is Easier«.

Python kinderleicht! Einfach programmieren lernen – nicht nur für Kids
von Jason R. Briggs
Auch eher ein allgemeines Buch zum Programmieren-Lernen (in Python), das für jüngere Leser geschrieben ist. dpunkt.verlag, 2. Auflage 2016. ISBN 978-3-86490-344-1

5 Arduino und der Pi

Wie Sie in den nächsten Kapiteln sehen werden, können Sie die GPIO-Pins des Raspberry Pi nutzen, um Sensoren oder Dinge wie blinkende LEDs und Motoren anzuschließen. Haben Sie Erfahrungen mit dem Arduino, einer Microcontroller-Entwicklungsplattform, können Sie ihn auch zusammen mit dem Raspberry Pi einsetzen.

Als der Raspberry Pi das erste Mal angekündigt wurde, haben sich viele Leute gefragt, ob er ein Arduino-Killer werden würde. Für etwa den gleichen Preis können Sie viel mehr Prozessorleistung erhalten – warum sollte man da den Arduino nutzen, wenn man einen Pi haben kann? Es zeigte sich, dass sich die beiden Plattformen eher ergänzen und der Raspberry Pi ein ausgezeichneter Host für den Arduino ist. Es gibt ein paar weitere Fälle, in denen für Sie interessant sein könnte, Arduino und Pi zusammen zu nutzen bzw. sie zu verbinden:

- Es gibt viele Bibliotheken und veröffentlichte Beispiele für den Arduino.
- Sie haben schon ein Arduino-Projekt und wollen es mit mehr Prozessorleistung ausstatten. Vielleicht haben Sie zum Beispiel einen MIDI-Controller, der mit einem Synthesizer verbunden ist, und wollen jetzt die Klänge direkt auf dem Pi erstellen lassen.
- Bei der Arbeit mit 5-V-Logikwerten. Der Pi arbeitet mit 3,3 V, und seine Pins können nicht mit 5 V bedient werden. Der Arduino kann als »Vermittler« zwischen beidem dienen.
- Sie experimentieren ein wenig außerhalb Ihres Wissensbereichs und haben Sorge, dass Sie einen Chip braten. Wir haben schon Schüler gesehen, die versuchten, Motoren direkt über einen Pin des Arduino zu steuern (versuchen Sie das nicht). Es war einfach, den zerstörten

Microcontroller-Chip aus seinem Sockel zu nehmen und durch einen neuen zu ersetzen (was normalerweise weniger als 10 Euro kostet). Beim Raspberry Pi ist das nicht möglich.

- Bei einem Problem, das eine exakte Steuerung in Echtzeit erfordert, wie zum Beispiel für einen 3D-Drucker. Wie wir in Kapitel 4 gesehen haben, ist Raspberry Pi OS kein Echtzeit-Betriebssystem, und die Programme können sich nicht unbedingt auf die gleiche Exaktheit bei den Instruktionen pro Zeiteinheit verlassen wie bei einem Microcontroller.

Die Beispiele in diesem Abschnitt gehen davon aus, dass Sie zumindest die Grundlagen im Umgang mit dem Arduino-Board und der IDE kennen. Fehlen sie Ihnen, ist *Arduino für Einsteiger* von Massimo Banzi ein sehr guter Ausgangspunkt. Die offiziellen Arduino-Tutorials (*bit.ly/1oT-WBNB*) sind auch ziemlich gut und bieten viele Möglichkeiten, funktionierenden Code zu übernehmen.

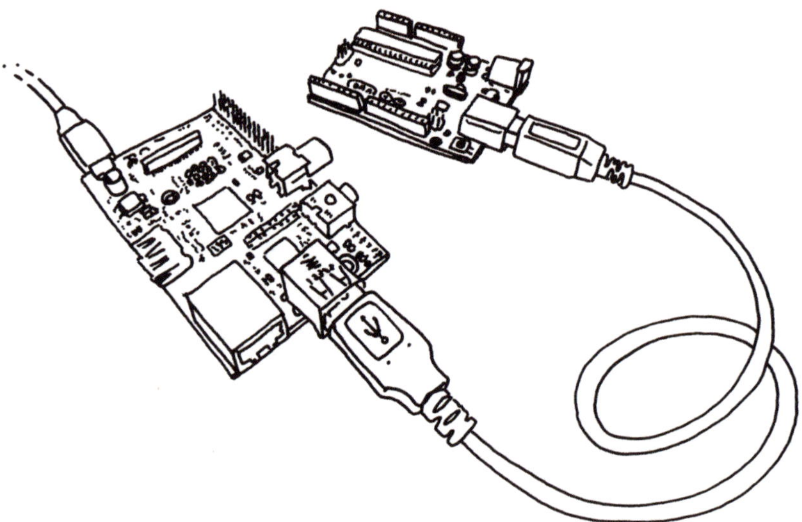

Abb. 5–1 Arduino und der Raspberry Pi sind beste Freunde.

Den Arduino im Raspberry Pi OS installieren

Um ein Arduino-Board zu programmieren, müssen Sie es über ein USB-Kabel mit einem Computer verbinden und dann ein Programm mit Hilfe der Arduino-IDE kompilieren und auf das Board flashen. Das geht mit einem beliebigen Rechner, Sie können aber auch Ihren Raspberry Pi als Host nutzen, um den Arduino zu programmieren.

Das Debuggen des Arduino geht mit dem Raspberry Pi schneller, dafür dauert das Kompilieren ein kleines bisschen länger als auf einem modernen Laptop oder Desktop-Rechner – aber so wirklich bemerken werden Sie den Unterschied nicht. Sie werden feststellen, dass es nach dem allerersten Kompilieren auch wieder schneller geht, weil die Arduino-IDE nur der Code neu kompiliert, der sich seit dem letzten Durchlauf geändert hat.

Zum Installieren der Arduino-IDE auf dem Raspberry Pi geben Sie diese Befehle in einem Terminal ein:

```
sudo apt-get update ❶
sudo apt-get install arduino ❷
```

❶ Sicherstellen, dass die neueste Paketliste vorliegt.

❷ Das Arduino-Paket herunterladen.

Diese Anweisung installiert Java sowie eine Reihe weiterer Abhängigkeiten. Die Arduino-Umgebung erscheint im Abschnitt *Programming* des Programm-Menüs (aber rufen Sie sie jetzt noch nicht auf).

Sie können den Arduino einfach an einem der freien USB-Ports anschließen. Die USB-Verbindung sollte genug Strom liefern können, um den Arduino zu versorgen, aber es ist auch nicht verkehrt, ihn direkt mit Strom zu beliefern, wenn das für Ihre Anwendung sinnvoll ist (zum Beispiel beim Betreiben von Motoren oder Heizelementen). Wird zu viel Strom über die USB-Ports des Pi angefordert, kann sich dieser seltsam verhalten und sogar Systemabstürze oder spontane Reboots auslösen.

> Beachten Sie, dass Sie das USB-Kabel zum Arduino einstecken müssen, nachdem der Raspberry Pi gebootet wurde. Lassen Sie es während des Bootvorgangs stecken, kann es passieren, dass der Pi hängen bleibt, weil er alle Geräte am USB-Bus ausprobiert.

Wenn Sie die Arduino-IDE aufrufen, sucht diese alle USB-Geräte ab und erstellt eine Liste im Menü Tools→Serial Port. Klicken Sie auf Tools→Serial Port und wählen Sie den seriellen Port aus (sehr wahrscheinlich */dev/ttyACM0*), dann klicken Sie auf Tools→Board und wählen die Art des Arduino-Boards (zum Beispiel *Uno*). Wählen Sie File→Examples→01. Basics→Blink, um einen einfachen Beispiel-Sketch zu laden. Klicken Sie dann auf den Upload-Button in der Toolbar oder wählen Sie File→Upload, um den Sketch hochzuladen. Danach sollte die LED auf dem Arduino zu blinken beginnen.

Um mit dem Raspberry Pi OS älter als die Version Jessie auf den seriellen Port zugreifen zu können, müssen Sie sicherstellen, dass der Benutzer *pi* dazu die Berechtigungen hat (auf neueren Versionen sind diese Schritte nicht mehr erforderlich). Das erreichen Sie, indem Sie ihn den Gruppen *tty* und *dialout* hinzufügen. Dazu rufen Sie vor dem ersten Start der Arduino-IDE folgende Befehle auf:

sudo usermod ❶ -a -G tty pi

sudo usermod -a -G dialout pi ❷

❶ `usermod` ist ein Linux-Programm, um die Benutzer zu verwalten.

❷ `-a -G` trägt den Benutzer (`pi`) in die angegebene Gruppe (`tty`, danach `dialout`) ein.

Den seriellen Port herausfinden

Wenn aus irgendeinem Grund */dev/ttyACM0* nicht funktioniert, müssen Sie ein bisschen nachforschen. Um herauszufinden, an welchem USB-seriellen Port der Arduino angesteckt ist, ohne das Menü durchzuprobieren, geben Sie folgenden Befehl an der Befehlszeile ein, wenn der Arduino noch nicht angeschlossen ist:

```
ls /dev/tty*
```

Stecken Sie den Arduino an und rufen Sie den Befehl erneut auf. Sie sollten dann sehen, was sich geändert hat. Nach dem Einstecken des Arduino erschien bei mir zusätzlich */dev/ttyACM0*.

Die Arbeit mit der IDE verbessern

Nach dem Einrichten der IDE ist Ihnen vielleicht aufgefallen, dass die Qualität der Standardschrift des Arduino-Editors nicht so toll ist. Sie können sie verbessern, indem Sie die Open-Source-Schriftart Inconsolata herunterladen. Zum Installieren geben Sie (bei geschlossener Arduino-IDE) ein:

```
sudo apt-get install ttf-inconsolata
```

Dann bearbeiten Sie die Voreinstellungs-Datei für Arduino:

```
nano ~/.arduino/preferences.txt
```

und ändern die folgenden Zeilen:

```
editor.font=Inconsolata,medium,14
editor.antialias=true
```

Nach dem Neustart der IDE wird der Editor die neue Schriftart nutzen.

Serielle Kommunikation

Um zwischen dem Raspberry Pi und dem Arduino über eine serielle Verbindung kommunizieren zu können, verwenden Sie auf Arduino-Seite die mitgelieferte Bibliothek *Serial* und das Python-Modul pySerial (*github.com/pyserial/pyserial*) für den Raspberry Pi. Seit dem Jessie-Release wird es automatisch mitgeliefert, aber wenn Sie es je selbst installieren müssen, geben Sie Folgendes ein:

```
sudo apt-get install python-serial python3-serial
```

Öffnen Sie die Arduino-IDE und laden Sie diesen Code auf den Arduino hoch:

```
void setup() {
    Serial.begin(9600);
}

void loop() {
    for(byte n = 0; n < 255; n++){
    Serial.write(n);
    delay(50);
    }
}
```

Dieser Code zählt eine Variable hoch und schickt jede Zahl über die serielle Verbindung.

Beachten Sie, dass beim Arduino `Serial.write()` eine echte Zahl verschickt, die am anderen Ende als ASCII-Zeichencode interpretiert wird. Wollen Sie statt der Zahl 123 den String »123« schicken, nutzen Sie `Serial.print()`.

Als Nächstes müssen Sie ein kleines Python-Skript schreiben, das den Wert aus dem USB-seriellen Port liest, über den der Arduino angeschlossen ist (siehe Abschnitt »Den seriellen Port herausfinden«, S. 90). Hier ist das Python-Skript dazu. Ist der Port nicht */dev/ttyACM0*, ändern Sie den Wert von `port`. (In Kapitel 4 finden Sie mehr über Python.) Sichern Sie die Datei als *SerialEcho.py* und führen Sie sie mit `python SerialEcho.py` aus:

```
import serial

port = "/dev/ttyACM0"
serialFromArduino = serial.Serial(port,9600)  ❶
serialFromArduino.flushInput()  ❷
while True:
    if serialFromArduino.inWaiting() > 0:
        input = serialFromArduino.read(1)  ❸
        print(ord(input))  ❹
```

❶ Öffnet den seriellen Port, an dem der Arduino angeschlossen ist.

❷ Leert den Input-Puffer.

❸ Liest ein Byte aus dem seriellen Puffer.

❹ Wandelt das eingetroffene Byte mit `ord()` in eine »richtige« Zahl um.

Sie werden nichts auf den Arduino hochladen können, wenn Python den seriellen Port geöffnet hat. Daher achten Sie darauf, das Python-Programm mit [Strg]-[C] abzubrechen, bevor Sie den Sketch erneut hochladen. Bei einem Arduino Micro ist das zwar möglich, aber dadurch wird die Verbindung zum Python-Skript unterbrochen, sodass Sie es sowieso neu starten müssen.

Der Arduino schickt eine Zahl an das Python-Skript, das die Zahl als String interpretiert. Die Variable `input` enthält das, was die Zeichentabelle an dieser Stelle in der ASCII-Tabelle (*(bit.ly/ZS47D0)* definiert. Um besser zu verstehen, was da passiert, tauschen Sie die letzte Zeile des Python-Skripts einmal durch diese aus:

```
print(str(ord(input)), " = the ASCII character ", input, ".")
```

Den seriellen Port als Argument mitgeben

Wollen Sie den Port als Argument an der Befehlszeile angeben, nutzen Sie das Modul `sys`, um das erste Argument auszulesen:

```
import serial, sys

if (len(sys.argv) != 2):
    print("Usage:pythonReadSerial.pyport")
    sys.exit()
port = sys.argv[1]
```

Danach können Sie das Programm wie folgt aufrufen:

```
python SerialEcho.py /dev/ttyACM0
```

Beim ersten, sehr einfachen Beispiel wurde nur ein einzelnes Byte verschickt. Das kann ausreichen, wenn Sie nur eine Folge von Ereignis-Codes vom Arduino verschicken wollen. Wenn zum Beispiel der linke Taster gedrückt wurde, wird eine `1` verschickt, beim rechten eine `2`. Das reicht aber nur für 255 verschiedene Ereignisse – meist werden Sie beliebig große Zahlen oder Strings übertragen wollen. Wenn Sie analoge Sensoren auf dem Arduino auslesen, bewegen sich die Zahlen zum Beispiel im Bereich von 0 bis 1023.

Das Parsen beliebiger Zahlen, die Byte für Byte hereinkommen, ist mit Python und PySerial aufgrund ihres Umgangs mit Strings nahezu trivial. Als Beispiel können Sie den Arduino mit folgendem Code updaten, der von 0 bis 1023 zählt:

```
void setup() {
 Serial.begin(9600);
}

void loop() {
 for(int n = 0; n < 1024; n++)
     Serial.println(n, DEC);
     delay(50);
     }
}
```

Der entscheidende Unterschied liegt hier im Befehl `println()`. Im vorigen Beispiel wurde die Funktion `Serial.write()` genutzt, um die reinen Zahlen über den seriellen Port auszugeben. Bei `println()` formatiert der Arduino die Zahl als Dezimalstring und verschickt die ASCII-Codes für den String. Statt also die Zahl `254` zu versenden, wird der String `254\r\n` übertragen. `\r` steht für einen Zeilenumbruch (Carriage Return) und `\n` für einen Zeilenvorschub (Newline; dies sind Konzepte, die aus der Schreibmaschinen-Ära in die Computerwelt übernommen wurden: Carriage Return bewegt den »Cursor« an den Zeilenanfang, Newline beginnt eine neue Textzeile).

Auf der Python-Seite können Sie die Funktion `readline()` statt `read()` nutzen. Dann werden alle Zeichen bis (einschließlich) zum Zeilenumbruch und Zeilenvorschub gelesen. Python besitzt ein flexibles Set an Funktionen zum Konvertieren zwischen den verschiedenen Datentypen und Strings. Nutzen Sie hier einfach die Funktion `int()`, um den formatierten String in eine Integer-Zahl zu verwandeln:

```
import serial

port = "/dev/ttyACM0"
serialFromArduino = serial.Serial(port,9600)
serialFromArduino.flushInput()
while True:
     input = serialFromArduino.readline()
     inputAsInteger = int(input)
     print(inputAsInteger * 10)
```

Es ist jetzt ganz einfach, dieses Beispiel so anzupassen, dass ein analoger Eingabewert ausgelesen und das Ergebnis verschickt wird – ändern Sie einfach die Schleife:

```
void setup() {
 Serial.begin(9600);
}

void loop(){
  int n = analogRead(A0);
  Serial.println(n, DEC);
  delay(100);
}
```

Wenn Sie jetzt noch das Python-Skript so ändern, dass Sie statt `inputAsInteger * 10` nur `inputAsInteger` ausgeben, sollten Sie Werte im 200er-Bereich erhalten, wenn nichts am analogen Pin 0 angeschlossen ist. Verbinden Sie den Pin mit GND, sollte der Wert 0 sein. Verbunden mit dem 3V3-Pin ergibt es einen Wert um 715 herum, beim 5-V-Pin um 1023.

Arduino-kompatible Geräte verwenden

Viele Microcontroller-Boards sind mit der Arduino-IDE kompatibel. Manche verwenden einen speziellen Adapter von FTDI, der sich um die ganze serielle USB-nach-TTL-Kommunikation kümmert. Um sich mit diesen (meist günstigeren) Boards zu verbinden, würden Sie ein FTDI-Kabel oder ein Adapter-Board wie das USB BUB oder FTDI Friend nutzen. Ab Jessie ist der FTDI-Treiber für diese Boards schon installiert, sodass Sie sie direkt einsetzen können. Meist erscheinen sie als Gerät */dev/ttyUSB0*.

Verwenden von Firmata

Wenn Sie ein wenig fortgeschrittener sind, werden sich viele Projekte ähneln, soweit es den Code für die Basiskommunikation betrifft. Wie bei jeder Form von Kommunikation werden die Dinge komplizierter, sobald man »Hallo Welt« hinter sich gelassen hat; Sie werden dann nämlich *Protokolle* erstellen (oder ein vorhandenes Protokoll finden und implementieren müssen), sodass jede Seite die andere versteht.

Eine gute Lösung diesbezüglich, die zusammen mit Arduino geliefert wird, ist Hans-Christoph Steiners Firmata (*bit.ly/1CXFnqF*), ein für alle Zwecke geeignetes serielles Protokoll, das einfach und für Menschen lesbar ist. Es ist möglicherweise nicht für alle Anwendungen perfekt, aber ein guter Ausgangspunkt. Hier ein schnelles Beispiel:

1. Wählen Sie File→Examples→Firmata→StandardFirmata in der Arduino-IDE. Hierdurch wird der Firmata-Beispielcode geöffnet, der Ihnen das Senden an und das Empfangen von Nachrichten vom Arduino und das Abrufen von Informationen zu allen Pins ermöglicht.
2. Laden Sie diesen Code wie in vorherigen Beispielen beschrieben auf den Arduino.
3. Sie benötigen außerdem ein wenig Python-Code auf dem Pi, um Befehle an den Arduino zu senden, um Anfragen zu starten oder dessen Status zu ändern. Der einfachste Weg ist dabei der Einsatz des pyFirmata-Moduls. Installieren Sie dieses Modul mittels Pip (siehe auch »Einfaches Installieren von Modulen mit Pip«, S. 81):

   ```
   pip install --user pyfirmata
   pip3 install --user pyfirmata
   ```

4. Da es sich bei Firmata um ein serielles Protokoll handelt, erfolgt die Kommunikation mit dem Arduino seitens Python auf dieselbe Art und Weise wie in vorherigen Beispielen, nur dass pyFirmata anstelle von pySerial verwendet wird. Verwenden Sie die `write()`-Methode, um an einem digitalen Pin auf dem Arduino ein High oder Low zu erzielen:

   ```
   from pyfirmata import Arduino
   from time import sleep
   board = Arduino('/dev/ttyACM0')
   while (1):
       board.digital[13].write(1)
       print("on")
       sleep(1)
       board.digital[13].write(0)
       print("off")
       sleep(1)
   ```

Dieser Code sollte ein Blinken der LED auf dem Arduino-Uno-Board bewirken. Das vollständige Modul ist auf der pyFirmata Git-Hub-Seite (*github.com/tino/pyFirmata*) dokumentiert.

Weitere Informationen

Die Details serieller Protokolle gehen über den Rahmen dieses Buches hinaus, aber es gibt viele tolle Beispiele, wie andere Leute die Probleme gelöst haben. Schauen Sie einmal im Abschnitt »Interfacing with Software« (*bit.ly/1o17nGY*) des Arduino Playground (*www.arduino.cc/playground*) nach.

MIDI

Dreht sich Ihr Projekt um Musik, sollten Sie sich den Einsatz von MIDI-Befehlen als serielles Protokoll überlegen. Da MIDI (mehr oder weniger) schon seriell ist, sollte es gut funktionieren.

Arduino-kompatible Raspberry-Pi-Shields

Es gibt eine ganze Menge Shields oder PHATs (Pi HATs – Hardware Attached on Top) zu kaufen, die die GPIO-Pins des Raspberry Pi mit einem Arduino-kompatiblen Microcontroller verbinden. Das Shield AlaMode (*bit.ly/1EylgRM*) von WyoLum ist eine gute Lösung, die auch noch einige weitere Features wie eine Echtzeituhr enthält.

Über das Netzwerk kommunizieren

Schließlich können Sie die serielle Verbindung auch ganz verwerfen und mit dem Arduino über ein Netzwerk reden. Es gibt viele interessante Projekte, die das WebSocket-Protokoll (*www.websocket.org*) zusammen mit der JavaScript-Plattform Node.js (*nodejs.org*) nutzen.

Die seriellen Pins auf dem Raspberry Pi nutzen

Der Raspberry Pi besitzt eine Reihe von Input- und Output-Pins, von denen zwei genutzt werden können, um serielle Daten unter Umgehung des USB-Ports zu verschicken und zu empfangen. Dazu müssen Sie sich erst mit den Informationen in Kapitel 7 befassen und sicherstellen, dass Sie einen Pegelumsetzer nutzen, um die 3,3-V-Pins des Raspberry Pi vor den 5-V-Pins des Arduino zu schützen.

Wollen Sie sich intensiver mit der Kommunikation von Geräten befassen, ist »Making Things Talk« in der 3. Auflage (*www.makershed.com/products/making-things-talk-third-edition*) von Tom Igoe ein guter Ausgangspunkt.

6 Die grundlegenden Ein- und Ausgänge

Der Raspberry Pi ist zwar im Prinzip ein sehr günstiger Linux-Computer, aber es gibt ein paar Dinge, die ihn von Laptops und Desktop-Rechnern unterscheiden, die wir normalerweise zum Schreiben von E-Mails, Browsen im Web oder für die Textverarbeitung nutzen. Einer der Hauptunterschiede besteht darin, dass der Raspberry Pi ohne größere Probleme in Elektronikprojekten eingesetzt werden kann, da er General-Purpose-Input/Output-Pins direkt auf dem Board besitzt (siehe Abb. 6–1).

Abb. 6–1 Die GPIO-Pins des Raspberry Pi

Auf diese GPIO-Pins können Sie zugreifen, um Hardware wie LEDs, Motoren und Relais anzusteuern – alles Beispiele für Ausgabehardware. Bei Eingabehardware kann der Pi den Status von Tastern, Schaltern und Stellknöpfen ermitteln oder Sensoren für Temperatur, Licht, Bewegung oder Entfernung auslesen (und vieles mehr).

Mit der Einführung des Raspberry Pi 1 Model B+ hat sich die Anzahl an GPIO-Pins von 26 auf 40 erhöht. Haben Sie noch einen der ersten Pis, können Sie die Beispiele in diesem Kapitel trotzdem nachbauen, da diese nur die ersten 26 Pins der GPIO-Steckerleiste nutzen.

Wenn man einen Computer mit GPIO-Pins besitzt, kann man Programme schreiben, die Eingabewerte lesen und die Ausgabe abhängig von vielen Bedingungen setzen – so einfach wie bei Programmen auf dem Desktop. Anders als bei einem klassischen Mikrocontroller-Board, das auch programmierbare GPIO-Pins besitzt, hat der Raspberry Pi ein paar zusätzliche Ein- und Ausgabemöglichkeiten wie Ihre Tastatur, Maus und den Monitor, aber auch den Ethernet-Port, der sowohl als Eingangs- als auch als Ausgangskanal dienen kann. Wenn Sie elektronische Projekte mit Mikrocontroller-Boards wie den Arduino kennen, können Sie beim Raspberry Pi ein paar mehr Eingangs- und Ausgangskanäle nutzen. Und sie sind direkt eingebaut – es sind keine zusätzlichen Schaltkreise notwendig, um sie einsetzen zu können.

Tastatur, Maus und Monitor sind nicht die einzigen Vorteile des Raspberry Pi gegenüber klassischen Mikrocontroller-Boards. Es gibt noch ein paar weitere wichtige Features, die Ihnen bei Ihren elektronischen Projekten hilfreich sein können:

Dateisystem

Die Möglichkeit, Daten in das Dateisystem von Linux zu schreiben und von dort zu lesen, macht einem bei vielen Projekten das Leben leichter. So können Sie zum Beispiel einen Temperatursensor an den Raspberry Pi anschließen und ihn einmal pro Sekunde auslesen. Jeder Wert kann an das Ende einer Log-Datei angefügt werden, die sich einfach herunterladen und in einem Grafikprogramm auswerten lässt. Man kann sie sogar direkt auf dem Raspberry Pi in eine Grafik umsetzen!

Linux-Tools

Zusammen mit der Linux-Distribution des Raspberry Pi gibt es einen Satz wichtiger Befehlszeilen-Tools, durch die Sie mit Dateien arbeiten, Prozesse steuern und viele verschiedene Aufgaben automatisieren können. Diese leistungsfähigen Tools stehen Ihnen für alle Ihre Projekte zur

Verfügung. Und da es eine riesige Linux-Anwender-Community gibt, die auf diesen Tools aufbaut, ist Hilfe im Web meist nur eine Suchanfrage weit entfernt. Für eine allgemeine Linux-Hilfe finden Sie im Allgemeinen Antworten auf Stack Overflow (*stackoverflow.com*). Haben Sie eine Frage, die speziell den Raspberry Pi betrifft, probieren Sie es einmal im Raspberry-Pi-Forum (*www.raspberrypi.org/phpBB3*) oder im Raspberry-Pi-Bereich von Stack Overflow (*raspberrypi.stackexchange.com*).

Sprachen

Es gibt viele Programmiersprachen, und Embedded-Linux-Systeme wie der Raspberry Pi ermöglichen es Ihnen, die Sprache zu wählen, die Ihnen am vertrautesten ist. Die Beispiele in diesem Buch verwenden Shell Scripting und Python, aber sie lassen sich auch leicht in Sprachen wie C, Java oder Perl umsetzen.

> Einer der Nachteile des Raspberry Pi ist, dass es keine Möglichkeit gibt, *analoge Sensoren* direkt abzugreifen, wie zum Beispiel Licht- und Temperatursensoren. Dazu benötigt man einen Chip als *Analog-Digital-Wandler* oder *ADC* (Analog Digital Converter). In Kapitel 8 erfahren Sie, wie Sie analoge Sensoren mit einem ADC auslesen.

Eingangs- und Ausgangsanschlüsse nutzen

Ein paar Dinge benötigen Sie, bevor Sie den Raspberry Pi für diese einfachen Ein-/Ausgabe-Tutorials verwenden können. Viele der Teile finden Sie in Ihrem lokalen Elektronikladen oder Sie bestellen sie online bei Läden wie Maker Shed, SparkFun, Adafruit, Mouser, Digi-Key oder Elektronik Reichelt. Hier einige der Teile:

- lötfreie Steckplatine
- eine Sammlung verschiedener LEDs
- Kabel mit Steckern an beiden Enden
- Jumper-Kabel mit Buchse an einem und Stecker am anderen Ende (sie sind nicht so verbreitet wie solche mit Steckern an beiden Enden, aber für das Verbinden der GPIO-Pins des Raspberry Pi mit der Steckplatine benötigen Sie diese Kabel)

- Druckschalter
- eine Sammlung verschiedener Widerstände

Um den Anschluss der Steckplatinen-Komponenten an die Pins des Raspberry Pi zu vereinfachen, empfehlen wir das Pi Cobbler Plus von Adafruit (*adafruit.com/product/2029*), das alle GPIO-Pins über ein einzelnes Flachbandkabel mit einer Steckplatine verbindet. Damit sparen Sie sich die Jumper-Kabel mit Stecker und Buchse.

In Abb. 6–2 haben wir jeden Pin entsprechend seiner Standard-GPIO-Signalnummer beschriftet (womit Sie den Pin in den Befehlen und in selbst geschriebenem Code ansprechen). Die unbeschrifteten Pins sind standardmäßig anderen Funktionen zugeordnet.

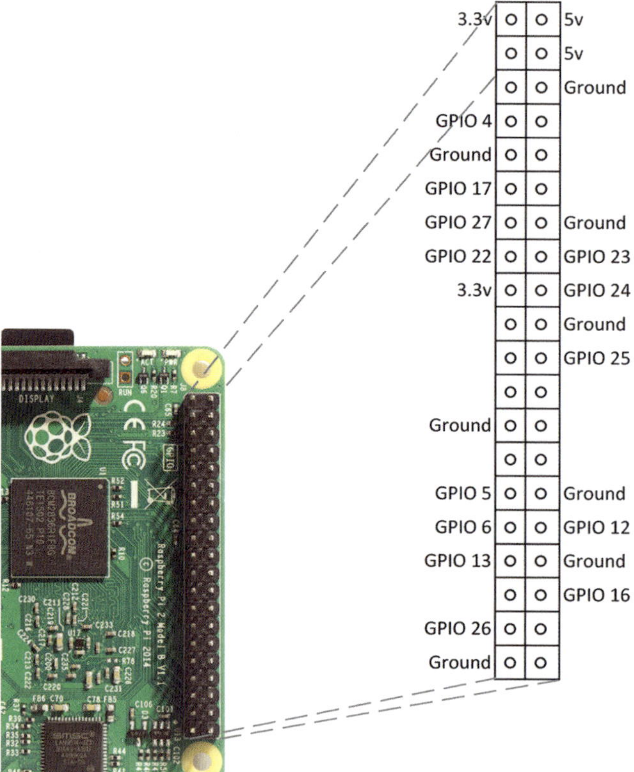

Abb. 6–2 Die Standard-GPIO-Pins des Raspberry Pi. Einige der unbeschrifteten Pins können ebenfalls als GPIO genutzt werden, aber sie haben auch andere mögliche Funktionen. Sofern Sie nicht mehr GPIO-Pins benötigen, als hier aufgeführt sind, sollten Sie vorerst die Finger davon lassen.

Es gibt eine praktische Website von Phil Howard namens Raspberry Pinout (*pinout.xyz*), die wir Ihnen ans Herz legen möchten. Dort finden Sie die GPIO-Pins des Raspberry Pi angezeigt, zudem gibt es haufenweise Referenzinformationen über deren Einsatz.

Es gibt zudem tolle Produkte wie die Portsplus Port-ID-Platine von RasPiO (*rasp.io*, siehe Abb. 6–3). Es handelt sich um ein kleines Board, das auf die GPIO-Pins passt und nur dazu dient, sie besser identifizieren zu können.

Abb. 6–3 Das Portsplus Port-ID-Board von RasPiO

Digitale Ausgabe: eine LED zum Leuchten bringen

Die einfachste Möglichkeit einer Ausgabe über die GPIO-Pins ist der Anschluss einer LED. Sie können dann die Befehlszeile unter Linux nutzen, um die LED an- und auszuschalten. Haben Sie einmal verstanden, wie diese Befehle funktionieren, sind Sie einen Schritt näher an der Möglichkeit, mit der LED anzuzeigen, ob Sie neue E-Mails haben, einen Schirm mitnehmen müssen, wenn Sie das Haus verlassen, oder ob Sie ins Bett gehen sollten. Es ist auch sehr einfach, statt der LED ein Relais zu nutzen, um damit zum Beispiel nach einem festen Zeitplan eine Lampe anzusteuern.

Einstiegshilfe für Steckplatinen

Wenn Sie noch nie eine Steckplatine (*Breadboard*) (Abb. 6–4) benutzt haben, ist es vor allem wichtig, zu wissen, welche Anschlüsse verbunden sind. In der Abbildung haben wir schattiert hervorgehoben, welche Anschlüsse auf einer typischen Steckplatine miteinander verbunden sind. Beachten Sie, dass die Stromversorgungsleitungen auf der linken Seite nicht mit denen auf der rechten Seite verbunden sind. Sie müssen hier zum Verbinden Jumper-Kabel mit Steckern an beiden Enden benutzen, wenn Sie auf beiden Seiten der Steckplatine Strom benötigen.

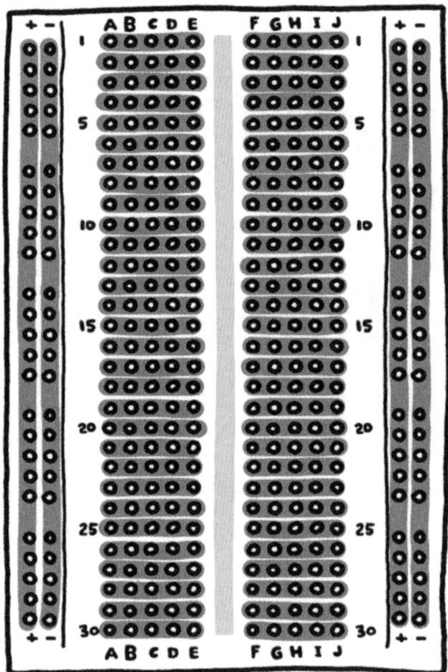

Abb. 6–4 Steckplatine

Hier nun die entsprechenden Anweisungen, denen Sie folgen sollten:

1. Verbinden Sie mit einem Jumper-Kabel mit Stecker und Buchse Pin 25 auf dem Raspberry Pi mit der Steckplatine. In Abb. 6–2 finden Sie die Position der Pins auf dem Pi.
2. Verbinden Sie mit einem weiteren Jumper-Kabel den Masse-Pin (Ground) des Raspberry Pi mit dem negativen Stromanschluss der Steckplatine.

3. Jetzt können Sie die LED anschließen (siehe Abb. 6–5). Aber zuvor müssen Sie wissen, dass LEDs eine *Polarität* haben: Es ist entscheidend, welchen Draht der LED Sie wo anschließen. Von den beiden Drähten der LED ist der längere die Anode (oder »Plus«), die mit einem GPIO-Pin verbunden sein sollte. Der kürzere ist die Kathode (»Minus«), die mit Masse zu verbinden ist. Eine andere Möglichkeit der Unterscheidung ist ein Blick von oben auf die LED. Die flache Seite der LED zeigt die Kathode an, die mit Masse verbunden werden sollte. Stecken Sie die LED so in die Platine ein, dass die Anode mit dem Jumper-Kabel von Pin 25 verbunden ist, während die Kathode mit der Masse der Stromversorgung Kontakt hat.

Die Polarität einer LED lässt sich leicht mit einer Eselsbrücke merken: Der »Plus«-Anschluss besitzt *zusätzliche* Länge, dem »Minus«-Anschluss wurde Länge *weggenommen*.

fritzing

Abb. 6–5 Eine LED mit dem Raspberry Pi verbinden . Wir haben dieses Diagramm mit Fritzing (*fritzing.org*) erstellt, einem Open-Source-Tool zum Entwerfen von Hardware-Design.

4. Schalten Sie Ihren Raspberry Pi mit angeschlossener Tastatur, Maus und Monitor ein und melden Sie sich an. Wenn die Befehlszeile erscheint, können Sie loslegen. Landen Sie in der X-Window-Umgebung, klicken Sie doppelt auf das LXTerminal-Symbol auf dem Desktop. Damit erhalten Sie auch ein Terminal-Fenster.

5. Um von der Befehlszeile auf die Ein- und Ausgangs-Pins zugreifen zu können, müssen Sie die Befehle als Root ausführen – das Superuser-Konto des Raspberry Pi. Dazu geben Sie an der Befehlszeile `sudo su` ein und drücken die Eingabetaste:

   ```
   pi@raspberrypi ~ $ sudo su
   root@raspberrypi:/home/pi#
   ```

   Das Prompt hat sich von $ nach # geändert und zeigt damit an, dass Sie folgende Befehle nun als Root ausführen.

Das Root-Konto hat administrativen Zugriff auf alle Funktionen und Dateien des Systems. Es gibt so gut wie keinen Schutz davor, das Betriebssystem zu zerstören, wenn Sie die falschen Befehle eingeben. Seien Sie also vorsichtig, wenn Sie als Root Befehle ausführen. Haben Sie alles durcheinandergebracht, brauchen Sie aber nicht allzu besorgt zu sein, denn Sie können ja immer noch die SD-Karte mit einer sauberen Linux-Installation überschreiben. Aber Sie verlieren dann natürlich jegliche Anpassung am Betriebssystem, an Programmen oder selbst geschriebenen Sketches.

Wenn Sie Ihre Arbeit als Root erledigt haben, geben Sie **`exit`** ein, um wieder als Benutzer `pi` zu arbeiten.

6. Bevor Sie die LED an Pin 25 ein- und ausschalten können, müssen Sie den Pin in den Userspace exportieren (also den Pin auch außerhalb des Linux-Kernels benutzbar machen):

   ```
   root@raspberrypi:/home/pi# echo 25 > /sys/class/gpio/export
   ```

   Der Befehl echo schreibt die Nummer des gewünschten Pins (25) in die Datei *export* im Ordner */sys/class/gpio*. Wenn Sie Pin-Nummern in diese spezielle Datei schreiben, wird ein neues Verzeichnis in */sys/class/gpio* mit den Steuerdateien für den Pin erstellt. In diesem Fall wird ein neues Verzeichnis namens */sys/class/gpio/gpio25* erzeugt.

7. Wechseln Sie mit `cd` in dieses Verzeichnis und geben Sie den Inhalt mit `ls` aus:

```
root@raspberrypi:/home/pi# cd /sys/class/gpio/gpio25
root@raspberrypi:/sys/class/gpio/gpio25# ls
active_low  direction  edge  power  subsystem  uevent  value
```

   Der Befehl `cd` steht für »change directory«. Damit wird das Arbeitsverzeichnis gewechselt, sodass Sie nicht bei jeder Datei den vollständigen Pfad angeben müssen. `ls` gibt die Dateien und Ordner innerhalb dieses Verzeichnisses aus. Mit zwei der Dateien in diesem Verzeichnis werden Sie arbeiten: *direction* und *value*.

8. Mit der Datei *direction* setzen Sie den Pin als Eingang (zum Beispiel für einen Taster) oder Ausgang (für eine LED). Da Sie eine LED an Pin 25 angeschlossen haben und steuern wollen, werden Sie diesen Pin als Output definieren:

```
root@raspberrypi:/sys/class/gpio/gpio25# echo out > direction
```

9. Um die LED einzuschalten, benutzen Sie wieder `echo`, um die Zahl `1` in die Datei *value* zu schreiben:

```
root@raspberrypi:/sys/class/gpio/gpio25# echo 1 > value
```

10. Nach Drücken der Eingabetaste wird die LED leuchten! Abschalten geht genauso einfach: Schreiben Sie mit `echo` eine Null in die *value*-Datei:

```
root@raspberrypi:/sys/class/gpio/gpio25# echo 0 > value
```

Virtuelle Dateien

Die Dateien, mit denen Sie arbeiten, sind keine echten Dateien auf der SD-Karte des Raspberry Pi, sondern ein Teil des *virtuellen Dateisystems* von Linux. Dabei handelt es sich um ein System, mit dem man einfach auf Low-Level-Funktionen des Boards zugreifen kann. Sie könnten zum Beispiel die LED auch ein- und ausschalten, indem Sie in einen bestimmten Bereich des Speichers des Pi schreiben, aber dazu benötigen Sie mehr Code und müssen mehr Vorsicht walten lassen.

Wenn Sie also durch das Schreiben in eine Datei Ausgabekomponenten steuern können – wie prüfen Sie dann den Status von Eingangskomponenten? Wenn Sie »aus einer Datei lesen« vermutet haben, liegen Sie ganz richtig. Wir wollen das jetzt ausprobieren.

Digitaler Eingang: einen Taster auslesen

Mit einfachen Tastschaltern wie dem in Abb. 6–6 kann man wunderbar einen digitalen Eingang testen, und dazu passen sie auch noch perfekt auf eine Steckplatine.

> Diese kleinen Taster werden in Elektronikprojekten sehr gerne eingesetzt. Ein Verständnis für ihre Funktionsweise hilft beim Prototyping von Objekten sehr. Schauen Sie sich den Taster auf der Steckplatine an (siehe Abb. 6–6): Die oberen beiden Anschlüsse sind immer miteinander verbunden, ebenso die unteren beiden. Drücken Sie den Taster, werden diese beiden Anschlusspärchen insgesamt miteinander verbunden.

Abb. 6–6 Taster

Wenn Sie einen digitalen Eingangswert auf einem Raspberry Pi auslesen, prüfen Sie damit, ob der Pin entweder mit 3,3 V oder mit Masse verbunden ist. Denken Sie daran, dass es einer dieser beiden Zustände sein muss. Ist der Pin mit einer anderen Spannung verbunden, werden Sie unerwartete Ergebnisse erhalten. Haben Sie einmal verstanden, wie ein digitaler Eingang mit einem Taster funktioniert, können Sie auch Komponenten wie magnetische Sicherheitsschalter, Arcade-Joysticks oder sogar Münzwerke von Verkaufsautomaten einsetzen. Schließen wir einen Taster an, um seinen Status auszulesen:

1. Stecken Sie den Taster so auf die Steckplatine, dass seine Anschlüsse links und rechts des mittleren Bereichs verbunden sind.
2. Verbinden Sie Pin 24 des Raspberry Pi mit einem Jumper-Kabel mit einem der oberen Anschlüsse des Tasters.
3. Verbinden Sie den 3V3-Pin des Raspberry Pi mit der positiven Stromversorgung der Steckplatine.

Achten Sie darauf, den Taster mit dem 3V3-Pin und nicht mit dem 5V-Pin zu verbinden. Mehr als 3,3 V an einem Eingangs-Pin werden Ihrem Raspberry Pi finalen Schaden zufügen.

4. Verbinden Sie einen der unteren Anschlüsse des Tasters mit der Stromversorgungsleiste. Wenn Sie jetzt den Taster drücken, werden die 3,3 V an Pin 24 anliegen.
5. Erinnern Sie sich daran, dass ein digitaler Eingangskanal immer an 3,3 V *oder* an Masse angeschlossen werden muss? Wenn Sie den Taster loslassen, ist Pin 24 weder mit dem einen noch mit dem anderen verbunden und nicht geerdet. Dies führt zu unvorhersagbaren Ergebnissen, daher wollen wir es beheben. Verwenden Sie einen 10K-Widerstand (mit dem Farbcode Braun/Schwarz/Orange/Silber oder Gold), um die Eingangsseite des Schalters mit der Masseleiste zu verbinden (die wiederum schon im vorigen Beispiel mit der Masse des Raspberry Pi verbunden wurde). Wird der Schalter nicht gedrückt, ist der Pin mit Masse verbunden. Da elektrischer Strom immer dem Weg des geringsten Widerstands zur Masse folgt, wandern die 3,3 V beim Drücken des Tasters zum Eingangs-Pin des Raspberry Pi, der einen geringeren Widerstand als der 10K-Widerstand besitzt. Ist alles miteinander verbunden, sollte es so aussehen wie in Abb. 6–7.

Abb. 6–7 Einen Taster mit dem Raspberry Pi verbinden

6. Nachdem der Schaltkreis nun aufgebaut ist, wollen wir den Wert des Pins an der Befehlszeile auslesen. Arbeiten Sie noch nicht als Root, geben Sie `sudo su` ein.

7. Wie beim vorigen Beispiel müssen Sie den Eingangs-Pin in den Userspace importieren:

```
# echo 24 > /sys/class/gpio/export
```

8. Lassen Sie uns in das Verzeichnis wechseln, das durch die Export-Operation erzeugt wurde:

```
# cd /sys/class/gpio/gpio24
```

9. Jetzt setzen wir die Ein- und Ausgaberichtung des Pins auf Input:

```
# echo in > direction
```

10. Um den Wert des Pins auszulesen, verwenden Sie den Befehl `cat`, mit dem der Inhalt von Dateien im Terminal ausgegeben wird. Seinen Namen hat `cat` von der Möglichkeit, damit auch Dateien zu konkatenieren, also aneinanderzuhängen. Es kann aber eben auch den Inhalt einer Datei anzeigen.

```
# cat value
0
```

11. Die Null zeigt, dass der Pin mit Masse verbunden ist. Drücken Sie nun den Taster und halten Sie ihn gedrückt, während Sie den Befehl erneut ausführen:

    ```
    # cat value
    1
    ```

12. Wenn Sie die 1 sehen, haben Sie es richtig gemacht!

Um einen Befehl einfach ein zweites Mal auszuführen, blättern Sie mit der Cursortaste nach oben, bis Sie den gewünschten Befehl sehen, und drücken dann die Eingabetaste.

Nachdem Sie nun die Befehlszeile von Linux benutzen können, um eine LED zu steuern oder den Status eines Tasters auszulesen, wollen wir ein paar in Linux eingebaute Tools verwenden, um ein sehr einfaches Projekt rund um die digitale Ein- und Ausgabe aufzusetzen.

Projekt: Cron-Lampenzeitschaltuhr

Gehen wir davon aus, dass Sie morgen früh auf eine lange Reise gehen und verhindern wollen, dass während Ihrer Abwesenheit bei Ihnen eingebrochen wird. Eine Lampenzeitschaltuhr ist da sehr hilfreich, aber die Baumärkte sind nachts dummerweise geschlossen, und Sie haben in der Frühe nicht mehr genug Zeit, bevor der Flieger geht. Aber Sie sind ja ein Raspberry-Pi-Bastler und haben bestimmt ein paar weitere Zutaten in Ihrer Elektronikkiste herumfliegen, nämlich:

- Raspberry-Pi-Board
- Steckplatine
- Jumper-Kabel, Stecker/Buchse
- PowerSwitch-Tail-II-Relais
- Verbindungskabel

Mit diesen Dingen können Sie Ihre eigene programmierbare Zeitschaltuhr bauen, die sich über zwei leistungsfähige Linux-Tools steuern lässt: *Shell-Skripten* und *cron*.

Befehle skripten

Ein Shell-Skript ist eine Datei mit einer Folge von Befehlen (so wie die, die Sie beim Steuern und Auslesen der Pins genutzt haben). Schauen Sie sich das folgende Skript und die folgende Erläuterung an.

```
#!/bin/bash ❶
echo Pin $1 exportieren. ❷
echo $1 > /sys/class/gpio/export ❸
echo Übertragung von $1 auf out setzen.
echo out > /sys/class/gpio/gpio$1/direction ❹
echo Pin $1 anschalten.
echo 1 > /sys/class/gpio/gpio$1/value
```

❶ Diese Zeile ist für alle Shell-Skripten notwendig.

❷ `$1` verweist auf das erste Argument beim Aufruf von der Befehlszeile.

❸ Statt eine bestimmte Pin-Nummer zu exportieren, benutzt das Skript das erste Argument, das beim Aufruf mitgegeben wurde.

❹ Beachten Sie, dass auch hier das erste Argument als Pin-Nummer genutzt wird.

Sichern Sie dies als eine Textdatei mit dem Namen *on.sh* und sorgen Sie mit dem Befehl `chmod` dafür, dass sie ausgeführt werden kann:

```
root@raspberrypi:/home/pi# chmod +x on.sh
```

Sie müssen diese Befehle immer noch als Root ausführen. Geben Sie `sudo su` ein, wenn Sie Fehler wie »Permission denied« erhalten.

Ein Argument an der Befehlszeile ist eine Möglichkeit, Informationen an ein Programm oder Skript weiterzureichen. Dazu gibt man es nach dem Namen des Befehls an. Wenn Sie ein Shell-Skript schreiben, steht `$1` für das erste Argument, `$2` für das zweite und so weiter. Bei *on.sh* geben Sie die gewünschte Pin-Nummer zum Exportieren und Einschalten mit. Statt

Pin 25 *hartkodiert* im Shell-Skript stehen zu haben, ist es universeller einsetzbar, wenn man auf den an der Befehlszeile angegebenen Pin verweist. Um Pin 25 zu exportieren und einzuschalten, können Sie jetzt die folgende Anweisung geben:

```
root@raspberrypi:/home/pi/# ./on.sh 25 ❶
Pin 25 exportieren.
Übertragung von 25 auf out setzen.
Pin 25 anschalten.
```

❶ Das ./ vor dem Dateinamen dient dazu, das Skript auszuführen, das im aktuellen Verzeichnis steht.

Ist die LED noch vom vorletzten Abschnitt an Pin 25 angeschlossen, sollte sie jetzt eingeschaltet sein. Erstellen wir ein zweites Skript namens *off.sh*, das die LED abschaltet:

```
#!/bin/bash
echo Pin $1 ausschalten.
echo 0 >/sys/class/gpio/gpio$1/value
echo Export von Pin $1 zurücknehmen
echo $1 > /sys/class/gpio/unexport
```

Jetzt machen wir das Skript wieder ausführbar und lassen es laufen:

```
root@raspberrypi:/home/pi/temp# chmod +x off.sh
root@raspberrypi:/home/pi/temp# ./off.sh 25
Pin 25 ausschalten.
Export von Pin 25 zurücknehmen
```

Funktioniert alles, sollte die LED wieder abgeschaltet sein.

Eine Lampe anschließen

Natürlich bietet so eine kleine LED nicht genug Licht, um Einbrecher über Ihre Abwesenheit zu täuschen. Daher wollen wir eine Lampe mit dem Raspberry Pi verbinden.

1. Entfernen Sie die LED, die mit Pin 25 verbunden ist.
2. Schließen Sie zwei Kabel an der Steckplatine an – eins muss mit dem Pin 25 des Pi verbunden sein, das andere mit dem Masse-Bus.

3. Schließen Sie das freie Ende des mit Pin 25 verbundenen Kabels am »+in«-Eingang des PowerSwitch Tail an.
4. Schließen Sie das freie Ende des mit dem Masse-Bus verbundenen Kabels am »-in«-Eingang des PowerSwitch Tail an. Vergleichen Sie Ihre Verdrahtung mit Abb. 6–8.

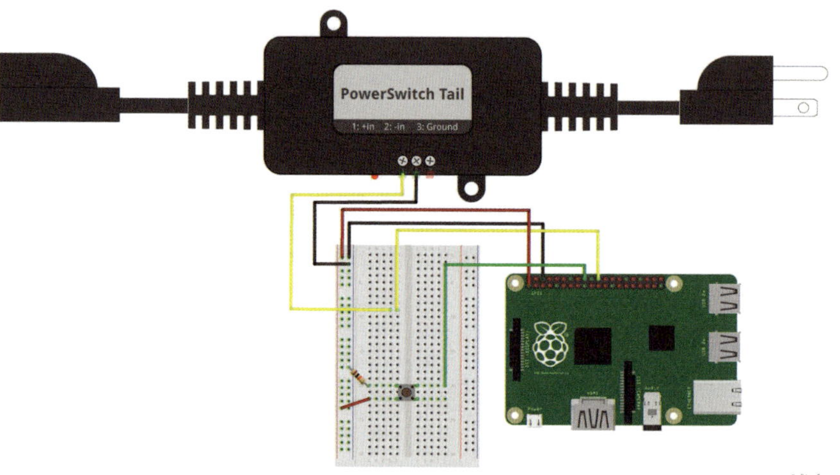

Abb. 6–8 Einen PowerSwitch Tail II mit dem Raspberry Pi verbinden

5. Verbinden Sie den PowerSwitch Tail mit der Steckdose und einer Lampe. Achten Sie darauf, dass der Schalter der Lampe eingeschaltet ist.
6. Wenn Sie nun `./on.sh 25` aufrufen, sollte die Lampe eingeschaltet werden, mit `./off.sh 25` sollte sie wieder ausgehen!

Im PowerSwitch Tail gibt es ein paar Elektronikbauteile, die es Ihnen ermöglichen, Geräte wie eine Lampe oder einen Mixer, die mit normaler Haushaltsspannung betrieben werden, durch ein Signal mit geringer Spannung (zum Beispiel vom Raspberry Pi) anzusteuern. Der Klick, den Sie vom PowerSwitch Tail beim Ein- oder Ausschalten hören, ist das Relais – das zentrale Bauteil des Tails. Ein Relais funktioniert wie ein Schalter für Geräte mit höherer Spannung. Es schaltet ein oder aus – gesteuert von dem Signal des Raspberry Pi.

Befehle zeitgesteuert über cron ausführen

Sie haben jetzt also ein paar Anweisungen in zwei einfachen Skripten verpackt, mit denen Sie einen Pin ein- oder ausschalten können. Und mit der Lampe, die über den PowerSwitch Tail mit dem Raspberry Pi verbunden ist, können Sie mit einem einzelnen Befehl Licht ein- oder ausschalten. Jetzt können Sie `cron` nutzen, um einen Zeitplan zu erstellen und das Licht zu verschiedenen Uhrzeiten ein- oder auszuschalten. `cron` ist der Job Scheduler von Linux. Damit können Sie dafür sorgen, dass Befehle zu bestimmten Uhrzeiten und an bestimmten Tagen oder mit einer bestimmten Regelmäßigkeit (zum Beispiel ein Mal pro Stunde) ausgeführt werden. Sie werden zwei Jobs einrichten: Einer wird das Licht um 20 Uhr einschalten, der andere wird es um 2 Uhr nachts ausschalten.

Wie bei anderen zeitabhängigen Programmen sollten Sie hier sicherstellen, dass Ihr Raspberry Pi das korrekte Datum und die richtige Uhrzeit kennt (siehe Abschnitt »Datum und Uhrzeit setzen«, S. 55).

Um diese Jobs hinzuzufügen, müssen Sie die `cron`-Tabelle bearbeiten (eine Liste mit Befehlen, die Linux zu bestimmten Uhrzeiten ausführt):

```
root@raspberrypi:/home/pi/# crontab -e
```

Damit wird ein Texteditor geöffnet, in dem Sie die `cron`-Tabelle bearbeiten können (um den Root-Nutzer zu ändern, geben Sie `sudo su` ein). Am Dateianfang stehen einige Informationen, wie man die `cron`-Tabelle editiert. Mit den Cursortasten scrollen Sie ans Dateiende und fügen diese beiden Einträge an:

```
0 20 * * * /home/pi/on.sh 25
0 2 * * * /home/pi/off.sh 25
```

Von cron werden alle Zeilen ignoriert, die mit einem Rautezeichen beginnen. Wenn Sie also eine Zeile temporär deaktivieren möchten, ohne sie zu löschen oder die Datei mit einem entsprechenden Kommentar zu versehen, stellen Sie ihr ein Rautezeichen voran. cron geht zudem davon aus, dass sich am Dateiende eine leere Zeile befindet. Verhält sich das Programm aufgrund Ihrer cron-Tabelle merkwürdig, kontrollieren Sie, ob Sie eventuell diese letzte leere Zeile mit Text und/oder Befehlen gefüllt und keine neue Zeile angefügt haben.

Drücken Sie Strg-X, um das Programm zu beenden, dann y, um die Datei zu speichern, wenn Sie danach gefragt werden, und drücken Sie die Eingabetaste, um den vorgeschlagenen Dateinamen zu akzeptieren. Ist die Datei gesichert und sind Sie zur Befehlszeile zurückgelangt, sollte der Text `installing new crontab` erscheinen, der besagt, dass die Änderungen, die Sie vorgenommen haben, von cron umgesetzt werden.

Mehr zu Cron

Mit cron können Sie Aufgaben zu bestimmten Zeitpunkten oder in bestimmten Intervallen ausführen lassen. Es gibt fünf Zeitfelder (oder sechs, wenn Sie auch noch abhängig vom Jahr etwas ausführen wollen), die jeweils durch ein Leerzeichen getrennt sind. Danach folgt noch – wieder durch ein Leerzeichen getrennt – der auszuführende Befehl. Sternchen (Asteriske) geben bei einem Feld an, dass die Aufgabe in jeder Periode auszuführen ist (siehe Tab. 6–1).

0	**20**	*	*	*	**/home/pi/on.sh 25**
Minute (:00)	Stunde (20)	jeden Tag	jeden Monat	jeden Wochentag	Pfad zur Anweisung

Tab. 6–1 Cron-Eintrag für das Einschalten von Licht jeden Tag um 20 Uhr

Nehmen wir an, dass die Lampe nur an Werktagen eingeschaltet werden soll. Dann sähe der crontab-Eintrag wie in Tab. 6–2 aus.

0	20	*	*	1–5	/home/pi/on.sh 25
Minute (:00)	Stunde (20)	jeden Tag	jeden Monat	Montag bis Freitag	Pfad zur Anweisung

Tab. 6–2 Cron-Eintrag für das Einschalten von Licht an jedem Werktag um 20 Uhr

Nehmen wir nun an, dass Sie ein Shell-Skript besitzen, das prüft, ob Sie neue Mails bekommen haben, und Ihnen dann eine Mail schickt. Mit dem Eintrag aus Tab. 6–3 lassen Sie das Skript alle fünf Minuten laufen.

*/5	*	*	*	*	/home/pi/checkMail.sh
alle fünf Minuten	jede Stunde	jeden Tag	jeden Monat	jeden Wochentag	Pfad zur Anweisung

Tab. 6–3 Cron-Eintrag für das Prüfen von Mails alle fünf Minuten

`*/5` steht für eine Periode von fünf Minuten.

Wie Sie sehen, ist `cron` ein sehr leistungsfähiges Tool, mit dem Sie Aufgaben zu bestimmten Terminen und Uhrzeiten oder in bestimmten Intervallen ausführen lassen können.

Weitere Informationen

***eLinux's Raspberry Pi GPIO Reference Page** (bit.ly/1vORWI3)*
Dies ist die umfassendste Referenz zu den GPIO-Pins des Raspberry Pi.

Gordon Henderson's Command Line GPIO Utility
(projects.drogon.net/raspberry-pi/wiringpi/the-gpio-utility/)
Dieses Befehlszeilen-Tool erleichtert die Arbeit mit GPIO-Pins an der Befehlszeile. Es wird mit den neueren Versionen des Raspberry Pi OS mit ausgeliefert. Rufen Sie einmal den Befehl `gpioreadall` auf, um einen Überblick über alle Pins zu erhalten.

7 Ein- und Ausgänge mit Python programmieren

Am Ende von Kapitel 6 haben Sie die GPIO-Pins des Raspberry Pi über ein Shell-Skript »programmiert«. In diesem Kapitel werden Sie lernen, wie Sie das Gleiche mit Python erreichen ... und ein bisschen mehr. Wie beim Shell-Skript können Sie mit Python auf die GPIO-Pins zugreifen, indem Sie Code zum Lesen und Steuern der Pins schreiben.

Der Vorteil von Python gegenüber Shell-Skripten ist, dass man den Code besser schreiben und lesen kann. Es gibt sehr viele Python-Module, mit denen Sie komplexe Aufgaben mit wenigen Zeilen Code einfach lösen können. In Tab. 4–2 sind ein paar Module aufgeführt, die für Ihre Projekte nützlich sein könnten. Und das Beste ist: Es gibt ein Python-Modul namens GPIO Zero (*gpiozero.readthedocs.io/en/stable*), mit dem Sie die GPIO-Pins problemlos auslesen und ansteuern können. Sie werden in diesem Kapitel lernen, wie Sie das Modul einsetzen.

Installation

In der Desktop-Version des Raspberry Pi OS ist GPIO Zero schon installiert. Es baut auf einigen anderen Bibliotheken auf, die Ihnen eventuell schon vertraut sind, wie zum Beispiel RPi.GPIO (*bit.ly/1vzTBtI*) und pigpio. Sie können sogar bestimmte Pin-Bibliotheken auswählen, wenn Sie diese benötigen.

Verwenden Sie Raspberry Pi OS Lite oder ein anderes OS auf dem Pi, müssen Sie GPIO Zero installieren, was keine große Aufgabe ist.

Auf dem Pi OS Lite aktualisieren Sie zunächst Ihre Repositories:

```
pi@raspberrypi: ~ $ sudo apt update
```

Dann installieren Sie entweder das Paket für Python 2 oder für Python 3:

```
pi@raspberrypi: ~ $ sudo apt install python-gpiozero
```

oder

```
pi@raspberrypi: ~ $ sudo apt install python3-gpiozero
```

Verwenden Sie ein anderes Betriebssystem, müssen Sie eventuell stattdessen pip zur Installation einsetzen:

```
pi@raspberrypi: ~ $ sudo pip install gpiozero
```

oder

```
pi@raspberrypi: ~ $ sudo pip3 install gpiozero
```

Es gibt ein paar Programmierer – mich selbst eingeschlossen –, die beim Installieren von Paketen mit `pip` nicht so gerne auf sudo zurückgreifen. Denn sudo installiert eventuell Abhängigkeiten und Binaries in Verzeichnissen, die für gewöhnliche Nicht-Root-Benutzer nicht erreichbar sind. Das kann oft zu Problemen führen, wenn man versucht, die Pakete einzusetzen, die auf diesem Weg installiert wurden. Ich nutze daher lieber das Flag `--user`, zum Beispiel:

```
pipinstall --user gpiozero
```

Nur wenn die Installation so nicht möglich ist, nutze ich sudo.

GPIO in Python testen

1. Wechseln Sie vom Terminal-Prompt durch Eingabe von `python3` zum interaktiven Python-Interpreter.
2. Wenn das Prompt >>> erscheint, versuchen Sie, das LED-Modul zu importieren:

   ```
   >>> from gpiozero import LED
   ```

Erhalten Sie nach dem Eingeben des `import`-Befehls keine Fehlermeldungen, wissen Sie, dass das Modul installiert ist und dass Sie es einsetzen können.

1. Wie andere Bibliotheken erlaubt es auch gpiozero, jeden der Pins des Pi einzeln anzusteuern. Es gibt aber ein Problem. gpiozero referenziert die Pins nicht über ihren realen Standort auf dem Board, sondern über ihre interne Verbindung mit der CPU, die als Broadcom- oder BCM-Nummer des Pin bekannt ist. Andere Bibliotheken ermöglichen es Ihnen, auszuwählen, wie Sie die Pins ansprechen wollen – gpiozero bietet nur die Broadcom-Option an. Zum Glück ist es ziemlich einfach, online Printouts zu den einzelnen BCM-Nummern zu finden. Es gibt auch eine ausgezeichnete Mobile App namens Electrodoc (*https://play.google.com/store/apps/details?id=it.android.demi.elettronica&hl=de_DE&gl=DE* oder *https://apps.apple.com/de/app/electrodoc-pro/id1146647134*), die ich auf meinem Smartphone installiert habe und mit der Sie die Pin-Belegungen zu so gut wie jedem vorstellbaren Hobby-Board herausfinden können. Diese App möchte ich Ihnen sehr ans Herz legen!
2. Teilen Sie der gpiozero-Bibliothek mit, welchen Pin Sie nutzen wollen. Nehmen wir beispielsweise den GPIO-Pin 4 und verbinden wir ihn, wie das in Abschnitt »Einstiegshilfe für Steckplatinen« auf S. 104 beschrieben wurde.

   ```
   >>> led = LED(4)
   ```

3. Schalten Sie die LED ein:

   ```
   >>> led.on()
   ```

4. Schalten Sie die LED aus:

   ```
   >>> led.off()
   ```

5. Verlassen Sie den interaktiven Python-Interpreter:

   ```
   >>> exit()
   $
   ```

In Kapitel 6 haben Sie gelernt, dass digitale Ein- und Ausgangssignale auf dem Raspberry Pi entweder 3,3 V haben oder mit Masse verbunden sein müssen. In der Digitalelektronik bezeichnen wir diese Signale als high und low. Denken Sie daran, dass nicht jede verfügbare Hardware 3,3 V für das High-Signal nutzt – manche verwenden 1,8 V oder 5 V. Wenn Sie vorhaben, Ihren Raspberry Pi über seine GPIO-Pins mit digitaler Hardware zu verbinden, müssen Sie darauf achten, dass diese auch 3,3 V verwendet.

Diese Schritte haben Ihnen ungefähr gezeigt, wie Sie die GPIO-Pins mit Hilfe von Python-Anweisungen am interaktiven Interpreter steuern können. Sehr viel leichter kann es eigentlich nicht sein! So wie Sie ein Shell-Skript erstellt haben, um die Pins ein- und auszuschalten (siehe Kapitel 6), werden Sie nun ein Python-Skript schreiben, um die Pins auszulesen und zu setzen.

Eine LED blinken lassen

Um eine LED mit Python blinken zu lassen, werden Sie vor allem die Anweisungen nutzen, mit denen Sie schon im interaktiven Interpreter experimentiert haben. Bei den nächsten Schritten gehen wir davon aus, dass Sie mit der Desktop-Umgebung arbeiten (wie in Abb. 7–1 gezeigt), aber Sie dürfen auch gerne die Befehlszeile einsetzen und diese Python-Skripten dort schreiben und ausführen.

Um eine LED mittels eines Python-Skripts blinken zu lassen, führen Sie die folgenden Schritte durch:

1. Öffnen Sie den Texteditor, indem Sie im Raspberry-Menü auf Accessories→TextEditor gehen.
2. Geben Sie folgenden Code ein:

```
from gpizero import LED  ❶
import time  ❷

led = LED(4)  ❸

while True:  ❹
    led.on()  ❺
    time.sleep(1)  ❻
    led.off()  ❼
    time.sleep(1)  ❽
```

❶ Den Code importieren, der zum Ansteuern der GPIO notwendig ist.

❷ Den Code für die sleep-Funktion importieren.

❸ Pin 4 als Ausgabe-Pin setzen.

❹ Eine unendliche Schleife aus dem folgenden eingerückten Code erstellen.

❺ Die LED einschalten.

❻ Eine Sekunde warten.

7. Die LED ausschalten.

8. Eine Sekunde warten.

3. Sichern Sie die Datei als *blink.py* im Home-Verzeichnis */home/pi*. Dieses Verzeichnis erreichen Sie im »Save As«-Fenster besonders schnell über die Places-Liste auf der linken Seite.

Denken Sie daran, dass in Python das Einrücken entscheidend ist.

4. Öffnen Sie LXTerminal und rufen Sie dann die folgenden Befehle auf, um in Ihr Home-Verzeichnis zu wechseln und das Skript auszuführen:

```
pi@raspberrypi ~/Documents $ cd ~
pi@raspberrypi ~ $ python blink.py
```

5. Ihre LED sollte nun blinken!

6. Drücken Sie Strg-C, um das Skript zu stoppen und an die Befehlszeile zurückzukehren.

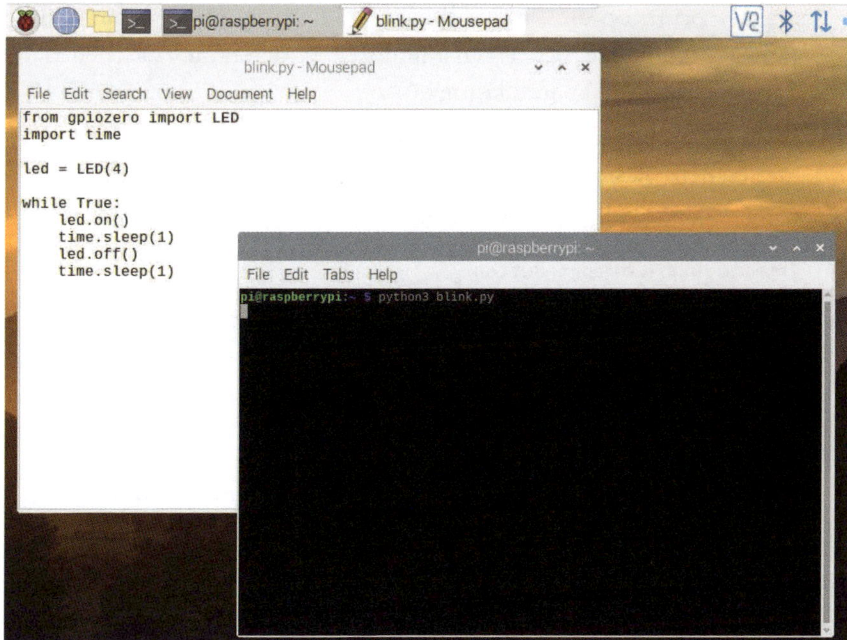

Abb. 7–1 Mit einem Texteditor und LXTerminal bearbeiten und starten Sie Python-Skripte.

Versuchen Sie, das Skript zu verändern, um durch den Einsatz von Zahlen zwischen 0 und 1 in `time.sleep()` die LED schneller blinken zu lassen. Sie können auch versuchen, weitere LEDs anzuschließen und sie in Form eines Musters blinken zu lassen. Dabei können Sie beliebige der dedizierten GPIO-Pins nutzen, die in Abb. 7–2 gezeigt sind.

Einen Taster auslesen

Soll etwas passieren, wenn Sie einen Taster drücken, können Sie dies durch eine Technik namens *Polling* umsetzen. Beim Polling wird immer wieder auf eine bestimmte Bedingung geprüft. In diesem Fall wird kontrolliert, ob der Taster den Eingangs-Pin mit 3,3 V oder mit der Masse verbindet. Um mehr über Polling zu lernen, werden Sie ein neues Python-Skript erstellen, das Text auf dem Bildschirm ausgibt, sobald der Anwender einen Taster drückt:

1. Schließen Sie einen Taster zwischen Pin 24 und Masse an. (Denken Sie daran, dass Sie BCM-Nummern für die Pins nutzen – wir meinen also eigentlich den echten Pin 18!) Die gpiozero-Funktion `Button.wait_for_press()` prüft, ob ein Pin auf Masse geht. Diese Logik kommt zum Einsatz, damit Sie sich einen Pulldown-Widerstand zwischen dem Taster und Masse sparen können.
2. Erstellen Sie in Ihrem Home-Verzeichnis eine Datei namens *button.py* und öffnen Sie sie im Editor.
3. Geben Sie den folgenden Code ein:

```
from gpiozero import Button
import time
button = Button(24)  ❶
count = 0  ❷
while True:
    button.wait_for_press()  ❸
    count += 1  ❹
    print("Taster" + str(count) + " Mal gedrückt.")  ❺
    time.sleep(0.1)  ❻
```

❶ Pin 24 als Input setzen.

❷ Eine Variable namens `count` erstellen und 0 darin ablegen.

❸ Warten, bis der Taster gedrückt wurde.

❹ Wenn der Taster gedrückt wurde, Zähler erhöhen.

❺ Text am Terminal ausgeben.

❻ Kurz warten, aber anderen Programmen die Möglichkeit geben, selbst zu laufen, statt nur die Prozessorzeit zu verbraten.

4. Wechseln Sie zurück zum LXTerminal und führen Sie das Skript aus:

```
$ python3 button.py
```

5. Drücken Sie nun den Taster. Wenn Sie alles richtig gemacht haben, sehen Sie ein paar Zeilen lang »Der Taster wurde gedrückt« – jedes Mal, wenn Sie den Taster drücken.

Dieser Code prüft den Status des Tasters 10-mal pro Sekunde, darum wird auch immer mehr als einmal der Satz ausgegeben (sofern Sie nicht wirklich schnelle Finger haben). Die Python-Anweisung `time.sleep(.1)` steuert, wie oft der Taster abgefragt wird.

Aber warum prüfen wir den Taster nicht kontinuierlich? Wenn Sie die Anweisung `time.sleep(.1)` aus dem Programm entfernen, wird die Schleife unglaublich schnell, und Sie erfahren viel früher, ob der Taster gedrückt wurde. Das hat aber ein paar Nachteile: Der Prozessor auf dem Board wird fortlaufend in Anspruch genommen, sodass andere Programme nur schwer weiterlaufen können und der Stromverbrauch des Raspberry Pi ansteigt. Da *button.py* sich den Rechner mit anderen Programmen teilen muss, müssen Sie darauf achten, dass das Skript nicht alle Ressourcen für sich beansprucht.

Das sind die Herausforderungen, denen Sie sich gegenübersehen, wenn Sie den Status eines digitalen Eingangskanals pollen wollen. Eine Möglichkeit, dies zu umgehen, ist der Einsatz eines *Interrupts*, bei dem ein bestimmter Codeblock immer dann ausgeführt wird, wenn die Hardware eine Änderung des Pin-Status erkennt – insbesondere eine Statusänderung an einer Flanke (wenn der Pin von HIGH nach LOW oder umgekehrt wechselt). Sie erfahren mehr über dieses Feature in der Dokumentation zur Bibliothek (*gpiozero.readthedocs.io/en/stable/api_pins.html*).

Beachten Sie, dass das Erkennen von Flanken nur bei Pins funktioniert, die das auch unterstützen. In der Dokumentation zur Bibliothek steht zudem, dass die Information, die zu beliebigen Zeitpunkten aus dem Status gelesen wurde, abhängig von der Hardware nicht garantiert korrekt ist.

Projekt: ein einfaches Soundboard

Nachdem Sie nun wissen, wie Sie die Eingangs-Pins eines Raspberry Pi auslesen, können Sie die Soundfunktionen des Python-Moduls Pygame nutzen, um ein Soundboard zu basteln. Mit einem Soundboard können Sie kurze Audioaufzeichnungen abspielen, wenn Sie seine Taster drücken. Um Ihr eigenes Soundboard zu bauen, benötigen Sie neben Ihrem Raspberry Pi noch folgende Bauteile:

- 3 Drucktaster
- Jumper-Kabel Stecker auf Buchse
- Standard-Jumper-Kabel oder passend gekürzter Schaltdraht
- Steckplatine
- Computer-Lautsprecher oder einen HDMI-Monitor mit eingebauten Lautsprechern. Sie können auch ein einfaches Paar Kopfhörer verwenden – irgendetwas, das sich am analogen Audio-OUT-Port des Pi anschließen lässt.

Dazu brauchen Sie noch ein paar nicht komprimierte Sounddateien im *.wav*-Format. Zu Testzwecken gibt es auf dem Raspberry Pi schon ein paar solcher Dateien, die Sie einsetzen können. Funktioniert das Soundboard erst einmal, ist es ein Leichtes, diese Dateien durch die eigentlich gewünschten Dateien zu ersetzen, auch wenn Sie sie vorher vielleicht erst ins *.wav*-Format umwandeln müssen. Fangen Sie aber zunächst mit dem Schaltkreis an:

1. Verbinden Sie den Masse-Pin des Raspberry Pi über ein Jumper-Kabel mit Stecker und Buchse mit der negativen Leiste auf der Steckplatine.
2. Stecken Sie die drei Drucktaster so auf die Platine, dass sie den mittleren Bereich überspannen.

3. Verbinden Sie durch Standard-Jumper-Kabel oder kurzen Schaltdraht die Masseleiste der Steckplatine mit dem oberen Pin jedes Tasters.
4. Verbinden Sie durch Jumper-Kabel mit Stecker und Buchse den unteren Pin jedes Tasters mit den GPIO-Pins des Raspberry Pi. Für dieses Projekt haben wir die Pins 4, 14 und 25 verwendet.

Abb. 7–2 zeigt den vollständigen Aufbau.

Abb. 7–2 Vollständiger Schaltkreis für das Soundboard-Projekt

Nachdem Sie die Steckplatine aufgebaut haben, müssen wir uns noch um den Code kümmern:

1. Erstellen Sie in Ihrem Home-Verzeichnis ein neues Verzeichnis namens *soundboard*.
2. Öffnen Sie diesen Ordner und erstellen Sie dort eine Datei mit dem Namen *soundboard.py*.
3. Öffnen Sie *soundboard.py* und geben Sie folgenden Code ein:

```
import pygame.mixer
from time import sleep
from gpiozero import Button
from sys import exit

button1 = Button(4)
button2 = Button(14)
button3 = Button(25) Again, BCM 4,14 and 25 match up with pins
4,14, and 25??

pygame.mixer.init(48000, -16, 1, 1024)  ❶
soundA = pygame.mixer.Sound(  ❷
    "/usr/share/sounds/alsa/Front_Center.wav")
soundB = pygame.mixer.Sound(
    "/usr/share/sounds/alsa/Front_Left.wav")
soundC = pygame.mixer.Sound(
    "/usr/share/sounds/alsa/Front_Right.wav")

soundChannelA = pygame.mixer.Channel(1)  ❸
soundChannelB = pygame.mixer.Channel(2)
soundChannelC = pygame.mixer.Channel(3)

print "Soundboard bereit."  ❹

while True:
    try:
        button1.wait_for_press()  ❺
        soundChannelA.play(soundA)  ❻
        button2.wait_for_press()
        soundChannelB.play(soundB)
        button3.wait_for_press()
        soundChannelC.play(soundC)
        sleep(.01)  ❼

except KeyboardInterrupt:  ❽
exit()
```

❶ Den Mixer von Pygame initialisieren.

❷ Die Klänge laden.

❸ Drei Kanäle einrichten – einen für jeden Klang –, sodass wir parallel drei verschiedene Klänge abspielen können.

❹ Den Anwender informieren, dass das Soundboard bereit ist.

❺ Den Taster abfragen. Wurde er gedrückt, die folgende Zeile ausführen.

❻ Den Klang abspielen.

❼ Den Prozessor nicht komplett in Beschlag nehmen, indem die Taster nicht häufiger als nötig abgefragt werden.

❽ Das Skript sauber verlassen, wenn der Anwender [Strg]-[C] drückt, ohne die Traceback Message angezeigt zu bekommen.

4. Wechseln Sie zur Befehlszeile und navigieren Sie zu dem Ordner, in dem Sie *soundboard.py* gespeichert haben. Führen Sie nun das Skript aus:

   ```
   pi@raspberrypi ~/soundboard $ python3 soundboard.py
   ```

5. Nach der Anzeige von »Soundboard bereit« drücken Sie auf die Taster, um die Audio-Samples abzuspielen.

Abhängig davon, wie Ihr Raspberry Pi eingerichtet ist, werden die Audioinformationen über HDMI an Ihren Monitor übermittelt oder über die 3,5-mm-Audiobuchse auf dem Board ausgegeben. Um das zu ändern, verlassen Sie das Skript durch [Strg]-[C] und führen die folgende Befehlszeile aus, um die analoge Audioausgabe zu verwenden:

```
pi@raspberrypi ~/soundboard $ sudo amixer cset numid=31
```

Um die Audiodaten über HDMI an den Monitor zu schicken, verwenden Sie:

```
pi@raspberrypi ~/soundboard $ sudo amixer cset numid=32
```

Die mitgelieferten Klänge sind natürlich nicht sehr spannend, aber Sie können sie durch beliebige eigene Audiodaten ersetzen: Applaus, Gelächter, Summer und Plings. Kopieren Sie sie in das Verzeichnis *soundboard* und passen Sie den Code so an, dass er auf sie zugreift. Wollen Sie mehr Klänge für Ihr Soundboard nutzen, fügen Sie weitere Taster hinzu und ändern Sie den Code entsprechend.

Weitere Informationen

Dokumentation zu gpiozero *(gpiozero.readthedocs.io/en/stable/)*
Die gpiozero-Bibliothek wird nicht nur immer noch aktiv entwickelt, sie enthält auch bergeweise Funktionalität, von der wir hier nur einen winzigen Teil eingesetzt haben. Sie sollten auf der Homepage des Projekts in der Dokumentation stöbern, ein paar Komponenten auf der Steckplatine verbinden und schauen, was Sie damit anstellen können.

8 Analoge Ein- und Ausgänge

In Kapitel 6 haben Sie Informationen zu digitalen Ein- und Ausgängen per Buttons, Schalter, LEDs und Relais erhalten. Jede dieser Komponenten war immer entweder an oder aus, es gab niemals etwas dazwischen. Möglicherweise möchten Sie aber Dinge in der Welt erfassen, die nicht unbedingt das eine oder das andere sind – beispielsweise Temperatur, Entfernung, Lichtintensität oder den Status auf einer Skala eines Messgerätes. Sie alle kommen mit entsprechenden Wertebereichen daher.

Vielleicht möchten Sie aber auch etwas in einen Status versetzen, der nicht einfach an oder aus ist. Dies ist dann der Fall, wenn Sie zum Beispiel eine LED dimmen oder die Geschwindigkeit eines Motors steuern möchten, anstatt sie einfach nur an- oder auszuschalten. Um eine Analogie zu analog und digital herzustellen, können Sie einen typischen Lichtschalter mit einem Dimmerschalter vergleichen, wie sie in Abb. 8–1 dargestellt sind.

Abb. 8–1 Digital entspricht dem Lichtschalter links: Er kann entweder an oder aus sein. Beim analogen Prinzip andererseits kann mit einer Reihe von Werten zwischen vollständig an und komplett aus gearbeitet werden.

Ausgang: Konvertieren von digital in analog

Wie in Kapitel 7 werden Sie das GPIO-Zero-Modul nutzen, das in den neueren Versionen von Raspberry Pi OS bereits installiert ist. Das Modul verfügt über Funktionen zum Steuern von GPIO-Pins, von denen manche so ähnlich wie ein Dimmschalter arbeiten.

Wir verwenden hier die Worte »so ähnlich wie ein Dimmschalter«, weil das Modul eine Methode verwendet, die als *Pulsweitenmodulation*, kurz PWM, bezeichnet wird, damit der *Anschein* entsteht, dass ein ganzer Bereich von Spannungswerten über den Ausgang ausgegeben wird. Tatsächlich aber werden die Pins in schneller Taktung ein- und ausgeschaltet – so schnell, dass das menschliche Auge das Flackern nicht registriert. Sie sehen nur, dass die Lampe nicht so hell ist, als würde sie die gesamte Zeit an sein. Wenn sich also der Pin so verhalten soll, als würde er nur mit der halben Spannung versorgt, wird er so getaktet, dass er 50% der Zeit an und 50% der Zeit aus ist. Wenn er sich so verhalten soll, als läge seine Stromversorgung bei 20%, wird der Pin 20% der Zeit an- und 80% ausgeschaltet. Der Prozentsatz der Zeit, die ein Pin im Verhältnis zur Gesamtzeit des Zyklus angeschaltet ist, wird als *Tastgrad* (Abb. 8–2) bezeichnet. Wenn Sie an solche Pins eine LED anschließen und den Raspberry Pi anweisen, den Tastgrad zu ändern, kann auf diese Weise der Effekt eines Dimmens der LED erzeugt werden.

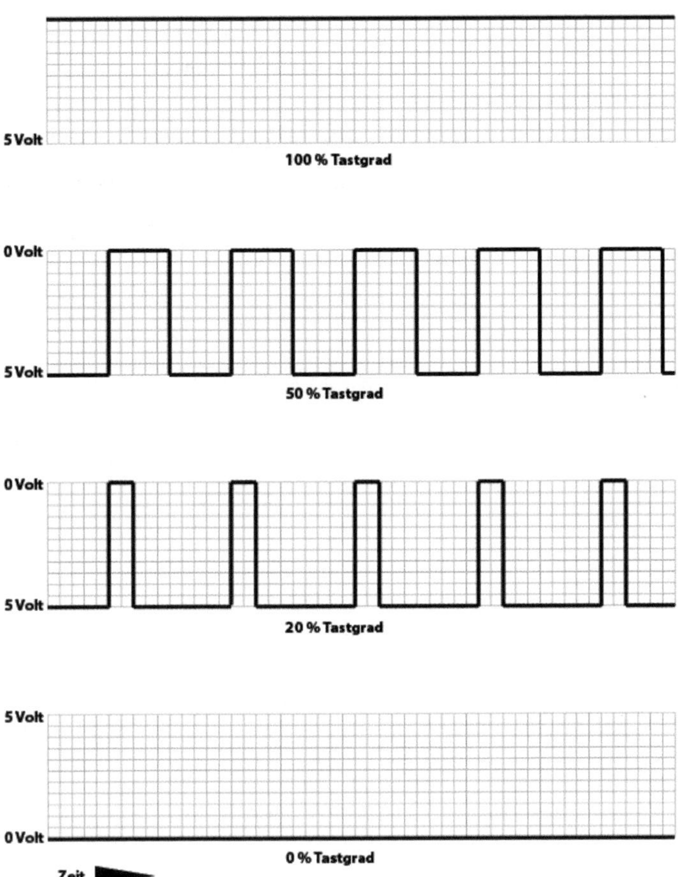

Abb. 8–2 Mit dem Tastgrad wird angegeben, wie viel Zeit bezogen auf einen kompletten Ein-Aus-Zyklus ein Pin »an« ist.

Testdurchlauf mit PWM

Für die nächsten Schritte nehmen wir an, dass Sie die Desktop-Umgebung nutzen, Sie können aber, wenn Sie möchten, auch die Kommandozeile zum Schreiben und Ausführen dieses Python-Skripts nutzen:

1. Verbinden Sie eine LED mit GPIO-Pin 25 (realer Pin 22), wie Sie es in Abschnitt »Einstiegshilfe für Steckplatinen« (S. 104) getan haben.
2. Öffnen Sie den File-Manager, indem Sie das entsprechende Symbol in der Taskleiste anklicken.

3. Stellen Sie sicher, dass Sie sich im Benutzerverzeichnis befinden, standardmäßig */home/pi*. Klicken Sie andernfalls auf das Home-Symbol unter der Places-Auflistung.
4. Erzeugen Sie eine neue Datei mit dem Namen *blink.py* in Ihrem Benutzerverzeichnis. Klicken Sie dazu im Fenster des Benutzerverzeichnisses mit der rechten Maustaste und rufen Sie dann »New File« auf. Nennen Sie die Datei *fade.py*.
5. Doppelklicken Sie auf *fade.py*, um die Datei im Standard-Texteditor zu öffnen.
6. Geben Sie folgenden Code ein und speichern Sie die Datei:

```
from gpiozero import PWMLED  ❶
from time import sleep

led = PWMLED(25)

while True:
    for dc in range(0, 100, 1):  ❷
        led.value = dc/100.0  ❸
        time.sleep(0.01)
    for dc in range(100, 0, -1):  ❹
        led.value = dc/100.0
        time.sleep(0.01)
```

❶ Es wird ein PWM-LED-Objekt erstellt und dem GPIO-Pin 25 zugewiesen.

❷ Der eingerückte Code darunter wird ausgeführt, wobei jedes Mal der Wert von `dc` um 1 erhöht wird, beginnend bei 0 und bis 100.

❸ Setzen Sie den Tastgrad des GPIO-Pin 25 auf den Wert von `dc`.

❹ Dann wird der nachfolgende, eingerückte Code ausgeführt, wobei der Wert von `dc` um 1 verringert wird, ausgehend von 100 bis hin zu 0.

7. Öffnen Sie das Terminal und nutzen Sie die folgenden Befehle, um sicherzustellen, dass Sie sich im Benutzerverzeichnis befinden, und führen Sie dann das Skript aus:

```
pi@raspberrypi ~/Development $ cd ~
pi@raspberrypi ~ $ python3 fade.py
```

8. Ihre LED sollte nun auf- und abgedimmt werden!
9. Drücken Sie Strg-C, um das Skript zu stoppen und zur Kommandozeile zurückzukehren.

Wenn Sie daran gewöhnt sind, PWM auf einem Mikrocontroller wie dem Arduino zu nutzen, werden Sie feststellen, dass – anders als eben beim Arduino – die PWM-Taktung beim Raspberry Pi gewissen Schwankungen unterworfen ist. Der Grund liegt darin, dass in diesem Beispiel die CPU zum Ein- und Ausschalten der LED verwendet wird. Da diese CPU für viele Dinge gleichzeitig genutzt wird, wird möglicherweise die Zeit nicht immer perfekt eingehalten. Sie können auch auf andere Hardware, wie zum Beispiel den PWM/Servo Driver von Adafruit (*www.adafruit.com/products/815*), ausweichen, wenn Sie eine präzisere Steuerung wünschen.

Weitere Möglichkeiten mit PWM

Mit der Möglichkeit, Pulsweitenmodulation zum Auf- und Abdimmen von LEDs zu nutzen, können Sie auch eine RGB-LED anschließen und die Farbe steuern, indem Sie die Helligkeit der entsprechenden Rot-, Grün- und Blau-Anteile ändern.

Pulsweitenmodulation kann auch zur Steuerung der Geschwindigkeit eines Gleichstrommotors, der über Transistoren mit Ihrem Raspberry Pi verbunden ist, verwendet werden. Die PWM-Ausgabe wird über die Transistoren die Leistung für den Motor und damit seine Geschwindigkeit modulieren.

Auch die Position der Deichsel auf einem Hobby-Servomotor (mit denen etwa RC-Modelle gesteuert werden) kann mittels einer spezifischen Taktung der Elektrizität gesteuert werden. Denken Sie aber daran, dass Sie möglicherweise zusätzliche Hardware und mehr Strom benötigen, um solche Motoren mit einem Raspberry Pi zu steuern.

Eingang: Konvertieren von analog in digital

Auf dieselbe Weise, wie Sie den Ausgang eines GPIO-Pins auf einer Skala von 0 bis 100 gesteuert haben, können Sie auch Sensoren auslesen, über die dem Raspberry Pi verschiedene Werte geliefert werden. Wenn Sie die Temperatur in einem Raum wissen möchten, die Lichtintensität oder die

Höhe des Drucks auf einem Pad, können Sie verschiedene Sensoren nutzen. Mikrocontroller wie der Arduino verfügen über eine spezielle Hardware zum Konvertieren analoger Spannungspegel in digitale Daten. Leider ist bei Ihrem Raspberry Pi diese Hardware nicht implementiert.

In diesem Abschnitt wird beschrieben, wie Sie für eine Umwandlung von analog in digital einen ADC, einen *Analog/Digital-Wandler*, nutzen. Es gibt verschiedene Modelle von ADCs, im Rahmen dieses Kapitels kommt der ADS1x15 von Texas Instruments zum Einsatz. Das Package des ADS1x15-Chip ist zu klein für das Standard-Breadboard, daher hat Adafruit ein entsprechendes Breakout-Board entwickelt (*www.adafruit.com/products/1083*), das in Abb. 8–3 zu sehen ist. Sobald Sie die Header-Pins am Breakout-Board festgelötet haben, können Sie mit dem Chip in diesem Breadboard Prototypen entwickeln. Der Chip nutzt ein Protokoll namens *Inter-Integrated Circuit* (meist nur *I²C* genannt), um die ausgelesenen analogen Werte zu übertragen. Glücklicherweise müssen wir dieses Protokoll nicht verstehen, um es nutzen zu können. Adafruit stellt eine ausgezeichnete Python-Bibliothek zur Verfügung, die Open Source ist und mit deren Hilfe Werte vom ADS1115 und von seinem kleineren Bruder, dem ADS1015, via I²C ausgelesen werden können.

Um das ADS1115- oder ADS1015-Breakout mit dem Raspberry Pi zu verbinden, führen Sie die folgenden Schritte durch:

1. Verbinden Sie den 3,3-Volt-Pin des Raspberry Pi mit der positiven Leiterbahn auf dem Breadboard. Die Lage der Pins auf der GPIO-Steckleiste des Raspberry Pi finden Sie in Abb. 6–2.
2. Verbinden Sie den Masse-Pin des Raspberry Pi mit der negativen Leiterbahn auf dem Breadboard.
3. Bestücken Sie das Breadboard mit dem ADS1x15 und verwenden Sie Steckbrücken, um seinen VDD-Pin mit der positiven Leiterbahn und seinen GND-Pin mit der negativen Leiterbahn zu verbinden.
4. Verbinden Sie den SCL-Pin auf dem ADS1x15 mit dem SCL-Pin auf dem Raspberry Pi. Der SCL-Pin auf dem Pi ist mit dem Masse-Pin auf der GPIO-Steckleiste gepairt.
5. Verbinden Sie den SDA-Pin auf dem ADS1x15 mit dem SDA-Pin auf dem Raspberry Pi. Der SDA-Pin befindet sich zwischen dem SCL-Pin und dem 3,3-Volt-Pin.

Abb. 8–3 Das Breakout-Board mit dem ADS1015-Analog/Digital-Wandler von Adafruit

Nun müssen Sie einen analogen Sensor an den ADS1x15 anschließen. Es gibt diesbezüglich eine große Auswahl, aber für dieses Beispiel werden Sie ein 2K-Potentiometer nutzen, sodass der Eingang für Ihren Raspberry Pi ein Skalenwert ist. Bei einem *Potentiometer* oder *Poti* handelt es sich im Grunde genommen um einen variablen Spannungsteiler. Es ist in zwei Ausführungen erhältlich: als Drehpotentiometer oder als Schiebepotentiometer.

Das von Ihnen verwendete Potentiometer muss nicht unbedingt den Wert 2K haben. Wenn Sie nur über ein 10K- oder 1M-Potentiometer verfügen, wird auch dieses seinen Zweck erfüllen.

Um ein Potentiometer mit dem ADS1x15 zu verbinden, führen Sie folgende Schritte durch:

1. Fügen Sie das Potentiometer auf dem Breadboard hinzu.
2. Das Poti besitzt drei Pins. Verbinden Sie den mittleren Pin mit Pin A0 auf dem ADS1x15.
3. Einer der äußeren Pins sollte mit der positiven Leiterbahn auf dem Breadboard verbunden werden. Dabei spielt es vorerst keine Rolle, welcher Pin das ist.
4. Verbinden Sie den anderen äußeren Pin mit der negativen Bahn des Breadboards. Die Verbindung sollte wie in Abb. 8–4 aussehen.

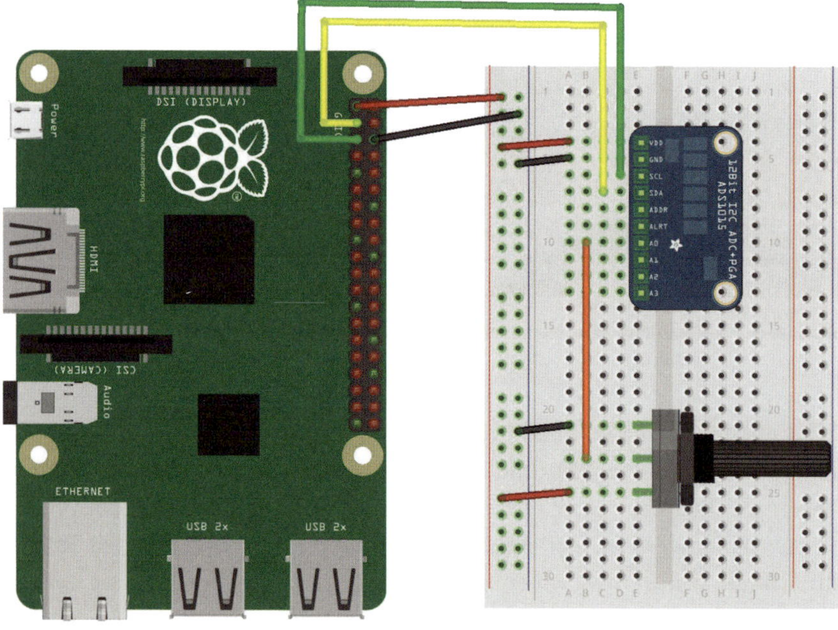

Abb. 8–4 Einsatz des ADS1x15 zum Verbinden eines Potentiometers mit dem Raspberry

Bevor Sie das Potentiometer auslesen können, müssen Sie I²C aktivieren und einige Bibliotheken installieren (siehe Abb. 8–5):

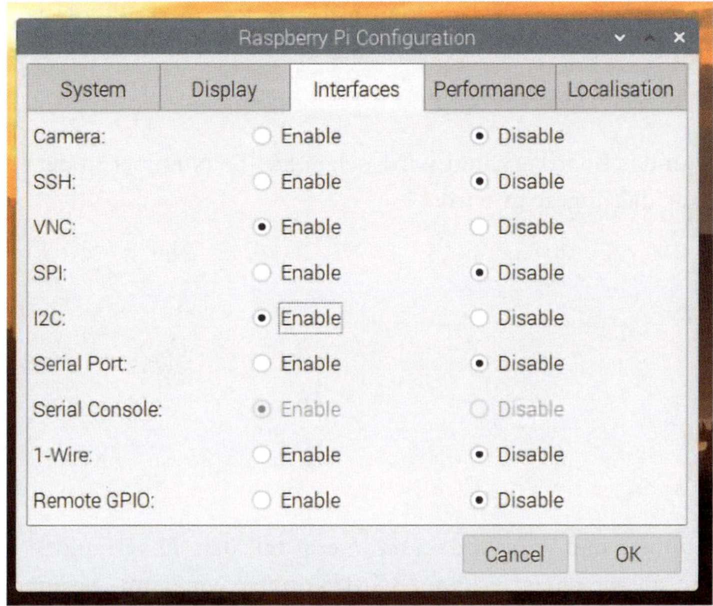

Abb. 8–5 Die I^2C-Schnittstelle aktivieren

1. Öffnen Sie das Raspberry Pi Configuration Tool, indem Sie auf Menu→Preferences→Raspberry Pi Configuration klicken.
2. Klicken Sie auf die Registerkarte »Interfaces«.
3. Klicken Sie neben I^2C auf Enable.
4. Klicken Sie auf OK und starten Sie Ihren Raspberry Pi neu.
5. Öffnen Sie ein Terminal-Fenster und aktualisieren Sie Ihre Paketliste:

```
$ sudo apt-get update
```

6. Die `i2c-tools` sollten in den neueren Versionen des Raspberry Pi OS schon installiert sein, aber wenn Sie sichergehen wollen, geben Sie Folgendes an der Befehlszeile ein. Sie werden entweder eine Nachricht erhalten, dass Sie schon die neueste Version besitzen, oder Sie werden aufgefordert, sie zu installieren:

```
$ sudo apt-get install i2c-tools
```

7. Starten Sie Ihren Raspberry Pi neu.

8. Überprüfen Sie nach dem Neustart Ihres Raspberry Pi, ob der Raspberry Pi den ADS1x15 erkennt, indem Sie folgenden Befehl eingeben:

   ```
   $ sudo i2cdetect -y 1
   ```

9. Wenn das Board erkannt wird, sehen Sie die Nummer in dem Gitterraster, das angezeigt wird:

   ```
        0  1  2  3  4  5  6  7  8  9  a  b  c  d  e  f
   00:          -- -- -- -- -- -- -- -- -- -- -- -- --
   10: -- -- -- -- -- -- -- -- -- -- -- -- -- -- -- --
   20: -- -- -- -- -- -- -- -- -- -- -- -- -- -- -- --
   30: -- -- -- -- -- -- -- -- -- -- -- -- -- -- -- --
   40: -- -- -- -- -- -- -- -- 48 -- -- -- -- -- -- --
   50: -- -- -- -- -- -- -- -- -- -- -- -- -- -- -- --
   60: -- -- -- -- -- -- -- -- -- -- -- -- -- -- -- --
   70: -- -- -- -- -- -- -- --
   ```

10. Wenn wir nun wissen, dass das Gerät mit dem Pi verbunden ist und auch entsprechend erkannt wird, können wir damit beginnen, das Potentiometer auszulesen. Laden Sie hierzu die Python-Bibliotheken für den Raspberry Pi aus dem Code-Repository von Adafruit in Ihr Benutzerverzeichnis. Geben Sie den folgenden Befehl am Shell-Prompt ein, und zwar auf einer Zeile, ohne Leerzeichen in der URL:

    ```
    wget https://github.com/adafruit/Adafruit_Python_ADS1x15/
        archive/master.zip
    ```

11. Entpacken Sie die Datei:

    ```
    $ unzip master.zip
    ```

12. Wechseln Sie in das ADS1x15-Verzeichnis der Bibliothek:

    ```
    $ cd Adafruit_Python_ADS1x15-master/
    ```

13. Installieren Sie die Bibliothek:

    ```
    $ sudo python3 setup.py install
    ```

14. Führen Sie eine der Beispieldateien aus:

    ```
    $ python3 examples/simpletest.py
    ```

15. Drehen Sie das Potentiometer ganz in eine Richtung und dann in die andere. Beachten Sie die Änderung des Wertes in der Spalte für Pin 0:

```
|      0 |    1 |    2 |    3 |
- - - - - - - - - - - - - - - - - - - - - - - - -
|      0 | 4320 | 4496 | 4528 |
|      0 | 4224 | 5104 | 4432 |
|      0 | 4352 | 4688 | 5104 |
|   6128 | 4640 | 4384 | 5552 |
|  10928 | 4592 | 4592 | 5056 |
|  18736 | 4384 | 4992 | 4384 |
|  23312 | 4496 | 4912 | 4784 |
|  26512 | 4912 | 4800 | 5968 |
|  25968 | 4816 | 4800 | 5008 |
|  16528 | 4416 | 4928 | 4928 |
|   9280 | 4656 | 4416 | 5312 |
|   2688 | 4240 | 5008 | 4464 |
|      0 | 4384 | 4352 | 5360 |
|      0 | 4336 | 4624 | 4272 |
|      0 | 4256 | 4432 | 4592 |
```

16. Drücken Sie `Strg`-`C`, um das Skript zu beenden.

Wie Sie sehen, ändert sich durch das Drehen der Scheibe auf dem Potentiometer die Spannung, die an Channel 0 des ADS1x15 eingeht. Im Code in diesem Beispiel kommt ein wenig Mathematik zur Anwendung, um den Spannungswert auf Grundlage der vom ADC stammenden Daten zu ermitteln. Natürlich wird die zugrunde liegende Mathematik je nach verwendetem Sensor variieren.

Sie können sich das genutzte Beispielskript anschauen, um zu erfahren, wie das funktioniert, oder Sie schauen sich das folgende, noch einfachere Beispiel an. Erstellen Sie mit dem folgenden Code eine neue Datei und führen Sie sie aus.

Listing 8–1 Code zum Lesen des ADC

```
from Adafruit_ADS1x15
from time import sleep ❶

adc = Adafruit_ADS1x15.ADS1115() ❷

while True:
    result = adc.read_adc(0) ❸
    print result
    sleep(.5)
```

❶ Die ADS1x15-Bibliothek von Adafruit wird importiert.

❷ Es wird ein neues ADS1x15-Objekt mit der Bezeichnung `adc` erzeugt.

❸ Ein ausgelesener Wert von Channel 0 auf dem ADS1x15 wird abgerufen und in `result` gespeichert.

Wenn Sie diesen Code ausführen, wird bei jedem Auslesen zwei Mal pro Sekunde rohes Zahlenmaterial ausgegeben. Durch das Drehen des Potentiometers werden die Werte entsprechend größer oder kleiner.

Wenn alles eingerichtet ist, erledigt die ADS1x15-Bibliothek von Adafruit die gesamte harte Arbeit und vereinfacht für Sie die Verwendung analoger Sensoren in Ihren Projekten. Wenn Sie zum Beispiel ein Pong-ähnliches Spiel entwickeln möchten, können Sie zwei Potentiometer auslesen und das Spiel dann mit Pygame auf den Bildschirm ziehen. Weitere Informationen zum Einsatz von Pygame finden Sie auf *pygame.org*.

Variable Widerstände

Viele, aber nicht alle analoge Sensoren funktionieren wie das Potentiometer, das basierend auf einigen Faktoren (z. B. um wie viel die Scheibe des Poti gedreht wurde) variable Spannung bereitstellt.

Bei einigen Sensoren handelt es sich einfach um variable Widerstände, die den Stromfluss um einen bestimmten Faktor reduzieren. Eine Fotozelle beispielsweise, wie sie in Abb. 8–6 zu sehen ist, wird als Widerstand agieren, bei dem Werte basierend auf der Lichtmenge, die auf die Zelle trifft, geändert werden. Wenn das Licht verstärkt wird, verringert sich der Widerstand, wenn die Lichtmenge geringer wird, erhöht sich der Widerstand. Bei einem Widerstand, der auf Druck reagiert, verringert sich der Widerstand in dem Maße, in dem Druck auf das Pad ausgeübt wird.

Um solche Sensoren mit analogen Eingangs-Pins auslesen zu können, müssen Sie eine Schaltung mit einem Spannungsteiler einbauen.

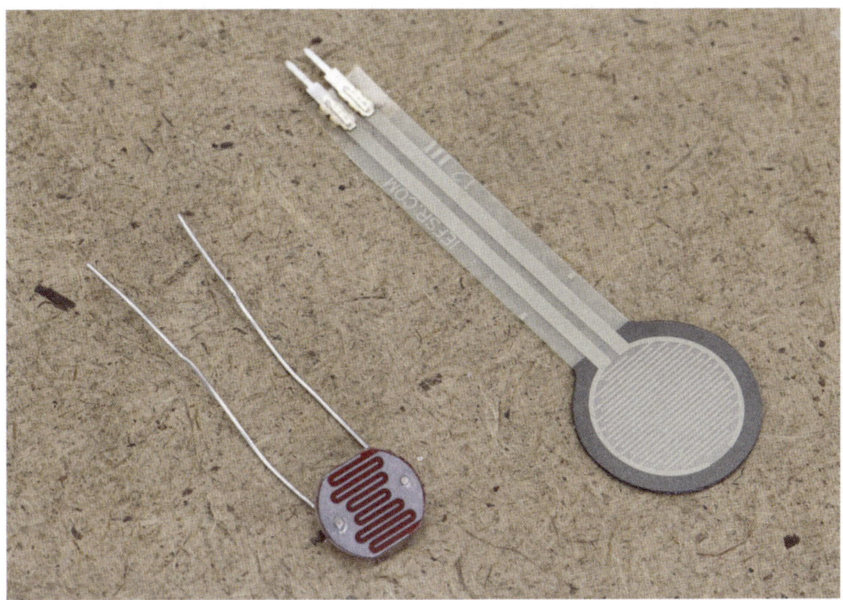

Abb. 8–6 Die Fotozelle und druckempfindliche Sensoren agieren als variable Widerstände und können als analoge Eingänge genutzt werden.

Schaltung mit einem Spannungsteiler

Wenn Sie mit Sensoren arbeiten, die variable Widerstände bereitstellen, besteht der Zweck eines Spannungsteilers darin, den variablen Widerstand in eine variable Spannung umzuwandeln, die von den analogen Eingangs-Pins gemessen wird. Werfen wir zunächst einen Blick auf einen einfachen Spannungsteiler.

In Abb. 8–7 sehen Sie zwei Widerstände desselben Wertes in Reihe geschaltet zwischen VCC und Masse, wobei ein Draht mit dem analogen Eingangs-Pin 0 *zwischen den beiden Widerständen verbunden ist*. Da beide Widerstände den Wert 10 KΩ haben, fließen etwa 1,65 V zum analogen Eingangs-Pin, also die Hälfte von 3,3 Volt.

Abb. 8–7 Bei zwei Widerständen desselben Wertes zwischen Spannung und Masse wird die Spannung zwischen ihnen die Hälfte der Gesamtspannung betragen.

Wir wollen uns nicht in der zugrunde liegenden Mathematik verzetteln, es sei nur so viel gesagt: Wenn einer der 10K-Widerstände entfernt und durch einen Widerstand mit einem höheren Wert ersetzt wird, wird die Spannung, die in den analogen Pin gelangt, *kleiner*. Wenn der 10K-Widerstand entfernt und durch einen mit einem niedrigeren Wert ersetzt wird, wird die Spannung, die in den analogen Pin gelangt, *größer*. Dieses Prinzip lässt sich auch bei Sensoren nutzen, die als variable Widerstände agieren. Sie können dann mit den analogen Eingangs-Pins ausgelesen werden. Dazu ersetzen Sie einfach einen der Widerstände durch den entsprechenden Sensor.

Um die Schaltung auszuprobieren, verdrahten Sie einen bestimmten Typ eines variablen Widerstands, der als druckempfindlicher Widerstand oder FSR bezeichnet wird.

Druckempfindlicher Widerstand

Bei einem druckempfindlichen Widerstand handelt es sich um einen variablen Widerstand, der sich basierend auf dem Druck, der auf das Pad ausgeübt wird, ändert. Wenn kein Druck auf das Pad ausgeübt wird, ist der Schaltkreis offen. Wenn Sie Druck auf das Pad ausüben, verringert sich der Widerstand.

Die exakten Zahlen hängen dabei von ihrem speziellen FSR ab, aber normalerweise werden Sie 100 KΩ Widerstand bei leichtem Druck und 1 Ω Widerstand bei maximalem Druck sehen. Wenn Sie über ein *Multimeter* verfügen, können Sie die Änderungen hinsichtlich des Widerstandes messen und sich so selbst ein Bild machen. Oder Sie schauen im *Datenblatt* der betreffenden Komponente nach, das Auskunft darüber gibt, was von dem Sensor zu erwarten ist.

Falls Sie den Widerstand aus Abb. 8–8, der mit den 3,3 Volt verbunden ist, durch einen variablen Widerstand wie einen FSR ersetzen, sollte der Wert des anderen Widerstands irgendwo zwischen dem minimalen und dem maximalen Widerstand liegen, sodass Sie den größtmöglichen Wertebereich aus dem Sensor herausholen können. Verwenden Sie bei einem typischen FSR einen 10-KΩ-Widerstand. Um einen Testdurchlauf mit einem druckempfindlichen Widerstand durchzuführen, gehen Sie folgendermaßen vor:

1. Verdrahten Sie einen FSR mit dem ADC, wie in Abb. 8–8 gezeigt.
2. Führen Sie den Code aus Listing 8–1 erneut aus.
3. Verfolgen Sie die Ausgaben auf dem Bildschirm, während Sie Druck auf den FSR ausüben.

Wenn alles einwandfrei funktioniert, sollten die Werte ansteigen, wenn Sie den Druck auf den FSR erhöhen. Wenn Sie stärker drücken, reduzieren Sie den Widerstand zwischen den beiden Anschlüssen des FSR. Dadurch wird eine höhere Spannung zum analogen Eingang geleitet.

Sie werden viele analoge Sensoren finden, die nach demselben Prinzip funktionieren. Durch eine einfache Schaltung mit einem Spannungsteiler, zusammen mit einem A/D-Wandler, erhält Ihr Raspberry Pi die Möglichkeit, solche Sensordaten zu erfassen.

Abb. 8–8 Für die Verdrahtung eines druckempfindlichen Widerstands mit dem ADC ist eine Schaltung mit einem Spannungsteiler erforderlich.

Weitere Informationen

***Steuerung eines Gleichstrommotors mit PWM** (bit.ly/1xpmBIF)*
Adafruit verfügt über eine exzellente Anleitung, in der beschrieben wird, wie Sie PWM einsetzen, um die Geschwindigkeit eines Gleichstrommotors zu steuern.

***Auslesen von Widerstandssensoren mittels RC Timing** (bit.ly/1rk6yJI)*
Bei Adafruit wird auch gezeigt, wie mittels einer einfachen Schaltung analoge Widerstandssensoren ohne A/D-Wandler ausgelesen werden können.

9 Einsatz von Kameras

Einer der Vorteile einer Plattform wie dem Raspberry Pi für Bastelprojekte besteht darin, dass sie sehr viele verschiedene Peripheriegeräte unterstützt. Sie können nicht nur eine Tastatur und eine Maus anschließen, sondern auch Zubehör wie Drucker, WLAN-Adapter (zumindest bei den ersten beiden Generationen des Raspberry Pi – die Modelle 3 und 4 haben WLAN schon eingebaut), externe Festplatten, weitere Speicherkarten, Kameras und USB-Sticks. In diesem Kapitel werden wir ein paar Wege aufzeigen, wie Sie eine Kamera bei Ihren Raspberry-Pi-Projekten einsetzen können.

Die Webcam ist zwar nicht so verbreitet wie Tastatur und Maus, aber moderne Computer besitzen sie fast schon als Standard. Die meisten Laptops, die heute verkauft werden, verfügen über eine kleine Kamera in der Blende des Displays. Andernfalls ist eine USB-Webcam von einer bekannten Marke für 25 Euro zu bekommen. Sie finden sogar Webcams für viel weniger Geld, wenn Sie eine eher unbekannte Marke wählen.

Die Mitarbeiter der Raspberry Pi Foundation haben ihre eigene Kamera als Peripheriegerät entwickelt, die dafür eingerichtet ist, mit dem Raspberry Pi eingesetzt zu werden (siehe Abb. 9–1). Anders als eine USB-Webcam werden Sie das offizielle Kameramodul für den Raspberry Pi wahrscheinlich nicht in einem gängigen Elektronikgeschäft erhalten. Sie sollten es aber überall dort, wo auch Raspberry Pis vertrieben werden, für ungefähr 25 Euro kaufen können.

Aktuell besitzt die neueste Version einen 8-Megapixel-Sensor IMX219 von Sony (die erste Kamera nutzte stattdessen den 5-Megapixel-Sensor OV5647 von OmniVision). Zudem gibt es eine neue, qualitativ hochwertigere Kamera für den Pi mit einem 12,3-Megapixel-Sensor IMX477 von Sony, einer Bilddiagonale von 7,9 mm und hintergrundbeleuchteter Sensorarchitektur, die einen anpassbaren Fokus und Unterstützung für C- und CS-Mount-Linsen besitzt.

Und falls Sie das noch nicht cool genug finden, können Sie auch auf eine Infrarotkamera zurückgreifen – die Pi-NoIR-Kamera, die die gleichen Spezifikationen wie die neue Version 2 besitzt. Diese Kamera hat keinen Infrarotfilter, sodass Sie auch Bilder mit Infrarotlicht machen können. Zum Glück nutzen all diese verschiedenen Kameras den gleichen Anschluss und den gleichen Code, um auf sie zuzugreifen. Es ist also egal, welche Version Sie verwenden – der hier vorgestellte Code wird immer funktionieren.

Abb. 9–1 Das Kameramodul des Raspberry Pi

Anders als eine USB-Webcam wird das Kamera-Board mit dem Anschluss der seriellen Schnittstelle der Raspberry-Pi-Kamera (Camera Serial Interface, CSI) verbunden (siehe Abb. 9–2). Da der Broadcom-Chip auf dem Raspberry Pi für Mobiltelefone und Tablets gedacht ist, dient der CSI-Anschluss einem Hersteller mobiler Geräte dazu, eine Kamera mit dem Chip zu verbinden. Wir werden in diesem Buch das offizielle Kamera-Board einsetzen, allerdings kann in vielen Projekten und Tutorials auch eine USB-Webcam genutzt werden (siehe Abb. 9–3).

Abb. 9–2 Die serielle Schnittstelle für die Raspberry-Pi-Kamera

Abb. 9–3 Eine typische USB-Webcam

Anschließen und Testen des Kameramoduls

Das Anschließen des offiziellen Kameramoduls ist nicht ganz so unkompliziert wie das eines USB-Geräts. Sobald Sie es aber ans Laufen gebracht haben, sollte es sich als echtes Sahneschnittchen erweisen.

Vergewissern Sie sich, dass der Raspberry Pi von der Stromversorgung getrennt ist, bevor Sie diesen Schritt durchführen.

Führen Sie folgende Schritte durch:

1. Ziehen Sie die Ecken des CSI-Anschlusses, der sich direkt neben Ethernet-Port befindet, nach oben. Ein Teil des Anschlusses wird nach oben geschoben und zeigt dann Richtung Ethernet-Port (siehe Abb. 9–4).

Abb. 9–4 Den Verriegelungsmechanismus am Anschluss der seriellen Schnittstelle für die Kamera öffnen

2. Bringen Sie das Flachbandkabel des Kameramoduls am CSI-Anschluss an, sodass die Metallkontakte vom Ethernet-Port weg zeigen.
3. Stecken Sie das Flachbandkabel in den CSI-Anschluss und drücken Sie den beweglichen Teil des CSI-Anschlusses nach unten, um das Flach-

bandkabel zu fixieren und es an Ort und Stelle zu halten. Sie sehen immer noch einen Teil der Metallkontakte auf dem Flachbandkabel (siehe Abb. 9–5).

Abb. 9–5 Nachdem das Flachbandkabel in den Anschluss der seriellen Schnittstelle der Kamera eingesteckt und fixiert wurde, sehen Sie möglicherweise immer noch die Metallkontakte auf dem Flachbandkabel.

4. Starten Sie das Raspberry Pi Software Configuration Tool auf dem Desktop über das Raspberry-Menü→Preferences (siehe Abb. 9–6).

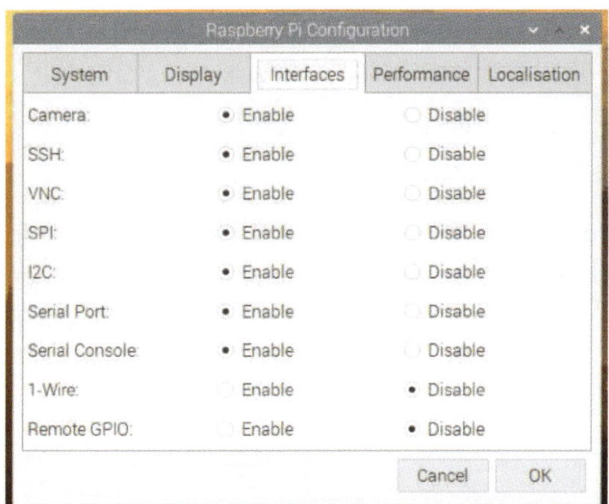

Abb. 9–6 Die Kameraschnittstelle im Raspberry Pi Configuration Tool aktivieren

5. Klicken Sie auf die Registerkarte »Interfaces«.
6. Wählen Sie die Option zum Aktivieren der Kamera.
7. Wählen Sie OK und starten Sie den Raspberry Pi neu.
8. Nach dem Neustart öffnen Sie eine Terminal-Session und testen Sie die Kamera wie folgt:

```
$ raspistill -o test.jpg
```

Wenn alles einwandfrei funktioniert, wird Ihnen auf dem Bildschirm für einige Sekunden ein Vorschaubild von der Kamera angezeigt. Nachdem es verschwunden ist, wird eine JPEG-Datei von dem geschossenen Foto in Ihrem aktuellen Verzeichnis erzeugt. (Eine interessante Beobachtung: Verbinden Sie sich mit dem Pi über die VNC-Verbindung und führen Sie den obigen Befehl in Ihrem Terminal aus, wird das Vorschaubild *nicht* in Ihrem VNC-Fenster erscheinen, dafür aber auf dem Hauptbildschirm des Pi, sofern Sie ihn mit einem Monitor verbunden haben. Das liegt daran, dass der Befehl `raspistill` mit einem anderen Display zusammenarbeitet als die VNC-Verbindung.)

Bei `raspistill` handelt es sich um ein mächtiges Programm mit zahlreichen Optionen. Um zu sehen, welche Möglichkeiten es bietet, zeigen Sie alle Kommandozeilen-Optionen an, indem Sie das Programm ausführen und die Ausgabe über `less` und eine Pipe laufen lassen:

```
$ raspistill 2>&1 | less
```

Nutzen Sie die Cursortasten, um durch die Optionen zu scrollen, und drücken Sie `q`, um zur Kommandozeile zurückzukehren.

Projekt: ein GIF erstellen

Eines der Features von `raspistill` besteht darin, dass eine Fotoserie auf Basis eines bestimmten Intervalls erzeugt werden kann. Wir können dieses Feature zusammen mit *ImageMagick*, der Kommandozeilen-Software zum Konvertieren und Bearbeiten von Bildern, einsetzen, um animierte GIFs mit dem Raspberry Pi herzustellen:

1. Installieren Sie zunächst ImageMagick:

   ```
   $ sudo apt-get update
   $ sudo apt-get install imagemagick
   ```

2. Erstellen Sie ein neues Verzeichnis, in dem die erzeugten Bilder abgelegt werden sollen, und wechseln Sie dann in dieses Verzeichnis:

   ```
   $ mkdir gif-test
   $ cd gif-test
   ```

3. Wenn die Kamera bereit ist, führen Sie `raspistill` für neun Sekunden aus, wobei alle drei Sekunden ein Bild mit einer Auflösung von 640 × 480 erzeugt und dabei jede Datei mit einem fortlaufenden Namen versehen wird:

   ```
   $ raspistill -t 9000 -tl 3000 -o image%02d.jpg -w 640 -h 480
   ```

4. Als Nächstes weisen Sie ImageMagick diese Dateien als Eingang zu und lassen sie dann als Datei *test.gif* ausgeben:

   ```
   $ convert -delay 15 *.jpg test.gif
   ```

5. Öffnen Sie nun die Datei *test.gif* mit einem Doppelklick in der Desktop-Umgebung – und Sie sehen die GIF-Datei, die Sie erzeugt haben!

Herstellen von Videoaufnahmen

Es gibt auch das Kommandozeilen-Programm `raspivid`, mit dessen Hilfe sich mit dem offiziellen Kameramodul von Raspberry Pi Videoaufnahmen herstellen lassen. Versuchen Sie, ein Fünf-Sekunden-Video zu erstellen und in einer Datei zu speichern:

```
$ raspivid -t 5000 -o video.h264
```

Sie können die Datei folgendermaßen abspielen:

```
$ omxplayer video.h264
```

Das wird das Video im auf dem Pi vorinstallierten Videoplayer VLC öffnen. Wie bei `raspistill` handelt es sich auch bei `raspivid` um ein mächtiges Programm mit zahlreichen Optionen. Um zu sehen, welche Möglichkeiten es bietet, zeigen Sie alle Kommandozeilen-Optionen an, indem Sie das Programm ausführen und die Ausgabe über eine Pipe an `less` weiterleiten:

```
$ raspivid 2>&1 | less
```

USB-Webcams testen

Bei all den verschiedenen Webcam-Modellen, die auf dem Markt sind, gibt es keine Garantie, dass eine Kamera ohne Weiteres direkt funktioniert. Wenn Sie eine Webcam für Ihren Raspberry Pi kaufen, schauen Sie online nach, ob andere mit dem entsprechenden Modell schon erfolgreich waren. Sie können auch den Webcam-Abschnitt der eLinux.org-Seite für Peripheriegeräte (*elinux.org/RPi_USB_Webcams*) nutzen, um Webcams zu finden, die mit dem Raspberry Pi zusammenarbeiten.

Beachten Sie, dass Sie einen USB-Hub mit eigener Stromversorgung an Ihren Raspberry Pi anschließen müssen, um Ihre Webcam neben Tastatur und Maus einsetzen zu können, da der Pi seine USB-Ports nur sehr eingeschränkt mit Strom versorgen kann, sodass es für Tastatur, Maus *und* Webcam eventuell nicht reicht. Ein USB-Hub mit eigener Stromversorgung stellt seinen angeschlossenen Geräten dagegen genug Strom zur Verfügung, sodass Sie nicht auf den Raspberry Pi zurückgreifen müssen.

Haben Sie eine Webcam, die Sie mit dem Raspberry Pi testen möchten, nutzen Sie `apt-get` im Terminal, um `luvcview` zu installieren – eine einfache Anwendung zum Anzeigen der Kameradaten:

```
$ sudo apt-get install luvcview
```

Nachdem `apt-get` die Installation abgeschlossen hat, rufen Sie die Anwendung auf, indem Sie in einem Terminal auf der Desktop-Oberfläche `luvcview` eingeben. Es öffnet sich ein Fenster, in dem die Daten der ersten Videoquelle angezeigt werden, die im Ordner */dev* gefunden wird, wie zum Beispiel */dev/video0*. Beachten Sie, dass die Framegröße im Terminal-Fenster ausgegeben wird. Wenn das Video ein wenig abgehackt erscheint, können Sie die Standardgröße des Videos anpassen. Ist zum Beispiel die Standardgröße 640 × 480, schließen Sie `luvcview` und öffnen Sie es mit der halben Videogröße durch Eingabe des folgenden Befehls:

```
$ luvcview -s 320x240
```

Haben Sie noch Ihre Pi-Kamera angeschlossen, wenn Sie Ihre Webcam verbinden, wird `luvcview` das Bild der Pi-Kamera nutzen, weil auf diese über */dev/video0* verwiesen wird. Um die Webcam zu testen, ohne die Pi-Kamera abstöpseln zu müssen, geben Sie `luvcview -d /dev/video1` im Terminal ein, dann sollten Sie das Bild der Webcam zu sehen bekommen.

Erscheinen keine Videodaten, sollten Sie hier schon auf Fehlersuche gehen, bevor Sie weitermachen. Eine Möglichkeit, den Fehler zu finden, ist das Ab- und Wiederanstecken der Webcam und das Ausführen des Befehls `dmesg`, durch den Diagnosemeldungen ausgegeben werden, die vielleicht Hinweise geben können.

Installation und Test von OpenCV

Um die Webcam per Python-Code ansprechen zu können, werden wir OpenCV (Abb. 9–7) nutzen, bei dem es sich um eine umfangreiche Open-Source-Bibliothek zur Computer Vision handelt. Mit OpenCV ist es sehr einfach, Bilder von der Webcam auszulesen und auf dem Bildschirm anzuzeigen oder als Datei abzuspeichern. Aber was OpenCV wirklich auszeichnet, sind seine Algorithmen zur Computer Vision, mit denen Sie ziemlich coole Dinge anstellen können. Neben grundlegenden Bildtransformationen können Sie auch Objekte in einem Bild oder auf einem Video finden, erkennen und verfolgen. Weiter unten in diesem Kapitel werden wir eine einfache Gesichtserkennung mit OpenCV durchführen (Abschnitt »Gesichtserkennung« auf S. 164).

Abb. 9–7 Logo von OpenCV

Um OpenCV für Python zu installieren, müssen Sie erst die Bibliotheken installieren, auf denen es aufbaut. Dazu können Sie `apt-get` nutzen:

```
$ sudo apt-get install libhdf5-dev libhdf5-serial-dev libhdf5-103
$ sudo apt-get install libqtgui4 libqtwebkit4 libqt4-test
python3-pyqt5
$ sudo apt-get install libatlas-base-dev
$ sudo apt-get install libjasper-dev
```

Die Installation ist ziemlich umfangreich, und es kann einige Zeit dauern, bis der Prozess abgeschlossen ist.

Haben Sie das Ganze auf einer frischen Installation des Raspberry Pi OS durchgeführt, müssen Sie noch `pip` installieren – den Paketmanager von Python. Dazu nutzen Sie `wget` (ein Befehlszeilentool für die Interaktion mit und das Herunterladen von Dateien aus dem Internet) und geben Folgendes in Ihrem Terminal ein:

```
$ wget https://bootstrap.pypa.io/get-pip.py
$ sudo python3 get-pip.py
```

Schließlich installieren Sie die eigentliche OpenCV-Bibliothek mit dem folgenden Befehl:

```
$ sudo pip install opencv-contrib-python==4.1.0.25
```

Nun prüfen Sie, ob die Installation erfolgreich war, indem Sie den interaktiven Interpreter von Python aufrufen und die Bibliothek importieren:

```
$ python
Python 3.7.3 (default, Jan 22 2021, 20:04:44)
[GCC8.3.0] on linux
Type "help", "copyright", "credits" or "license" for more
information.
>>> import cv2
>>> cv2.version
'4.1.0'
>>>
```

Wenn Sie keine Fehlermeldungen erhalten, nachdem Sie die Bibliothek importiert haben, wissen Sie, dass Sie OpenCV korrekt installiert haben. Falls Sie eine USB-Webcam verwenden, können Sie zu Abschnitt »Ein Bild anzeigen« auf S. 157 springen. Wenn Sie das Kameramodul für den Raspberry Pi nutzen, kann ein Extraschritt erforderlich sein, den wir nun erläutern.

Zusätzlicher Schritt beim Kameramodul für den Raspberry Pi

Weil wir Python und OpenCV nutzen wollen, um auf das Pi-Kameramodul zuzugreifen, müssen wir eine zusätzliche Bibliothek installieren – `picamera`. Und weil OpenCV NumPy-Arrays nutzt, brauchen wir auch das Untermodul `array`. (Ich habe oben gesagt, dass möglicherweise ein zusätzlicher Schritt erforderlich ist, weil es abhängig von der eingesetzten Version des Raspberry Pi OS sein kann, dass diese Module schon installiert sind. Wenn Sie sich nicht sicher sind, führen Sie einfach den folgenden Schritt aus – sind die Module schon installiert, werden Sie einfach eine entsprechende Nachricht erhalten.) Um das Erforderliche zu installieren, geben Sie Folgendes im Terminal ein:

```
$ pip3 install "picamera[array]"
```

Jetzt sind Sie dazu bereit, mit der Kamera mit Hilfe von OpenCV zu interagieren!

Ein Bild anzeigen

Bei vielen Beispielen in diesem Kapitel müssen Sie in der Desktop-Umgebung arbeiten, um Bilder auf dem Monitor anzeigen zu können. Sie können in IDLE arbeiten oder Ihren Code als *.py*-Dateien im Standard-Texteditor sichern und sie im Terminalfenster ausführen. Und auch wenn Sie eine VNC-Verbindung nutzen *können*, empfehlen wir das nicht, vor allem, weil Sie dann das Kamerabild nicht sehen können (siehe den Hinweis weiter oben).

Wir werden ein paar OpenCV-Grundlagen an Bilddateien demonstrieren und dann Bilder von der Kamera auslesen. Wenn Sie die Bilder von der Kamera haben, werden Sie die Gesichtserkennung ausprobieren können.

1. Erstellen Sie in Ihrem Home-Verzeichnis ein neues Verzeichnis namens *opencv-test*.
2. Öffnen Sie den Webbrowser und suchen Sie nach einem für Sie interessanten Bild. Wir haben ein Bild mit Himbeeren von Wikipedia verwendet und es in *raspberries.jpeg* umbenannt.
3. Klicken Sie mit der rechten Maustaste auf das Bild und wählen Sie »Save Image As«.

4. Sichern Sie das Bild im Ordner *opencv-test*.
5. Öffnen Sie im File Manager (im Menü »Accessories«) den Ordner *opencv-test* und klicken Sie mit der rechten Maustaste in den Ordner. Wählen Sie Create New→Blank File.
6. Geben Sie der Datei den Namen *image-display.py*.
7. Klicken Sie doppelt auf die neu erstellte Datei *image-display.py*, um sie im Texteditor zu öffnen.
8. Geben Sie den Code aus Listing 9–1 ein.
9. Sichern Sie die Datei *image-display.py* und führen Sie sie im Terminalfenster aus. Ist alles richtig eingegeben, sehen Sie ein Foto in einem neuen Fenster (siehe Abb. 9–8). Sie können das Fenster selbst schließen oder im Terminal Strg-C drücken, um das Skript zu beenden.

Abb. 9–8 Das Himbeer-Foto in einem Fenster

Listing 9–1 Quellcode für image-display.py

```
import cv2 ❶
img = cv2.imread("raspberries.jpeg") ❷
cv2.imshow("Raspberries",img) ❸
cv2.waitKey(0) ❹
cv2.destroyAllWindows() ❺
```

❶ Importiert die OpenCV-Bibliothek.

❷ Erstellt ein neues Image-Objekt `img` und liest "raspberries.jpeg" darin ein.

❸ Erstellt ein Window-Objekt namens "Raspberries" und zeigt das Image-Objekt `img` darin an.

❹ Wartet darauf, dass der Benutzer eine Taste drückt, um das Programm zu beenden.

❺ Räumt hinter sich auf, indem es alle Fenster abräumt, wenn das Programm endet.

Bildgröße

Ihnen ist vielleicht aufgefallen, dass das Skript *image-display.py* ein ausgezeichnetes Beispiel für ein Stück Code ist, das genau das tut, was man ihm sagt – in diesem Fall, ein Bild in seiner exakten Form anzuzeigen. Hat das Bild, das Sie anzeigen wollen, beispielsweise eine Größe von 5440 x 2880 Pixeln, wird OpenCV das auch so anzeigen – egal, ob es auf Ihren Monitor passt oder nicht. Im Folgenden werden Sie erfahren, wie Sie Ihrem Bild eine besser handhabbare Größe verpassen können.

Ein Bild verändern

Nachdem Sie nun ein Bild in den Speicher laden und auf dem Monitor anzeigen können, wollen wir es vor der Anzeige ein wenig bearbeiten (dabei wird nicht die Bilddatei selbst verändert, sondern nur die Kopie, die im Speicher vorliegt):

1. Sichern Sie die Datei *image-display.py* als Kopie unter dem neuen Namen *superimpose.py*.
2. Nehmen Sie die Erweiterungen im Code vor, die in Listing 9–2 zu sehen sind.
3. Sichern Sie die Datei und führen Sie sie an der Befehlszeile aus.
4. Sie sollten das gleiche Bild wie vorher sehen, dieses Mal aber überlagert von dem Kasten und dem Text. Drücken Sie die Taste [Q], um das Fenster zu schließen.

Listing 9–2 Quellcode für superimpose.py

```
import cv2 ❶

img = cv2.imread("raspberries.jpeg")

font = cv2.FONT_HERSHEY_SIMPLEX ❷
org = (50,50)
font_scale = 1
color = (0, 255, 0)
thickness = 2

cv2.imshow("Raspberries", image)
cv2.rectangle(img, (30, 20), (270, 70), (255, 255, 255), -1) ❸
image = cv2.putText(img, "Raspberries!", org, font, font_scale,
color, thickness, cv2.LINE_AA) ❹

cv2.imshow("Raspberries", image) ❺

cv2.waitKey(0)
cv2.destroyAllWindows()
```

❶ Importiert OpenCV.

❷ Spezifikationen für den Text: Schriftart, Koordinaten der oberen linken Ecke, Skalierung, Textgröße und Dicke.

❸ Zeichnet auf dem Bild ein weißes Rechteck mit den Koordinaten von (30, 20) bis (270, 70) und füllt es.

❹ Schreibt auf dem Image (auf dem weißen Rechteck) den Text »Raspberries!« mit den vorher definierten Spezifikationen.

❺ Zeigt das Bild an.

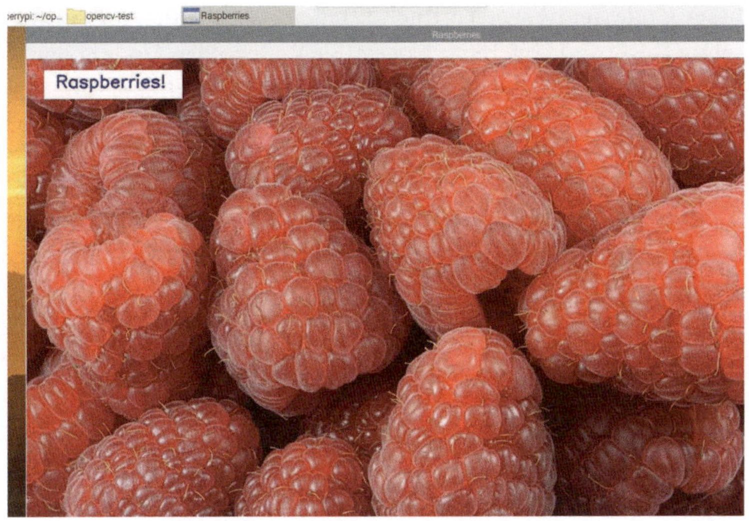

Abb. 9–9 Das veränderte Himbeer-Foto

Statt das Bild auf dem Monitor anzuzeigen, können Sie Ihre Änderungen auch in einer Datei speichern. Listing 9–3 zeigt, wie der Code dafür aussehen kann.

Listing 9–3 Quellcode für superimpose-save.py

```
import cv2
img = cv2.imread ('raspberries.jpeg')

font = cv2.FONT_HERSHEY_SIMPLEX
org = (50, 50)
font_scale = 1
color = (255, 0, 0)
thickness = 2

cv2.rectangle (img, (30, 20), (270, 70), (255, 255, 255), -1)
image = cv2.putText(img, 'Raspberries!', org, font, font_scale,
color, thickness, cv2.LINE_AA)

cv2.imwrite ('raspberries_text.jpeg', image) ❶
```

❶ Speichert das veränderte Bild unter dem Namen *raspberries-titled.jpeg*.

Da dieser Code kein Fenster öffnet, können Sie ihn auch an der Befehlszeile ohne Desktop-Umgebung öffnen. Sie können den Code sogar so anpassen, dass Sie mit einem einzelnen Befehl sehr viele Bilder zum Beispiel mit einem Wasserzeichen versehen.

Und Sie sind nicht auf Text und Rechtecke beschränkt. Hier ein paar weitere Zeichenfunktionen, die Ihnen mit OpenCV zur Verfügung stehen. Die vollständige Dokumentation finden Sie unter OpenCV (*docs.opencv.org/*)

- Kreis
- Ellipse
- Linie
- Polygon
- Bézierkurve

Zugriff auf die Kamera

Glücklicherweise ist es nicht komplizierter, den Videostream einer Webcam in OpenCV zu bringen, als Bilddateien zu laden. Versuchen Sie es – Sie können Ihren eigenen kleinen Webcam-Viewer schreiben:

1. Erstellen Sie eine neue Datei namens *basic-camera.py* und sichern Sie den Code aus Listing 9–4 darin.
2. Führen Sie das Skript mit angeschlossener Kamera aus. Es sollte ein Fenster erscheinen, in dem das zu sehen ist, was die Kamera aufnimmt (siehe Abb. 9–10).
3. Um das Fenster zu schließen, drücken Sie die Taste [Q].

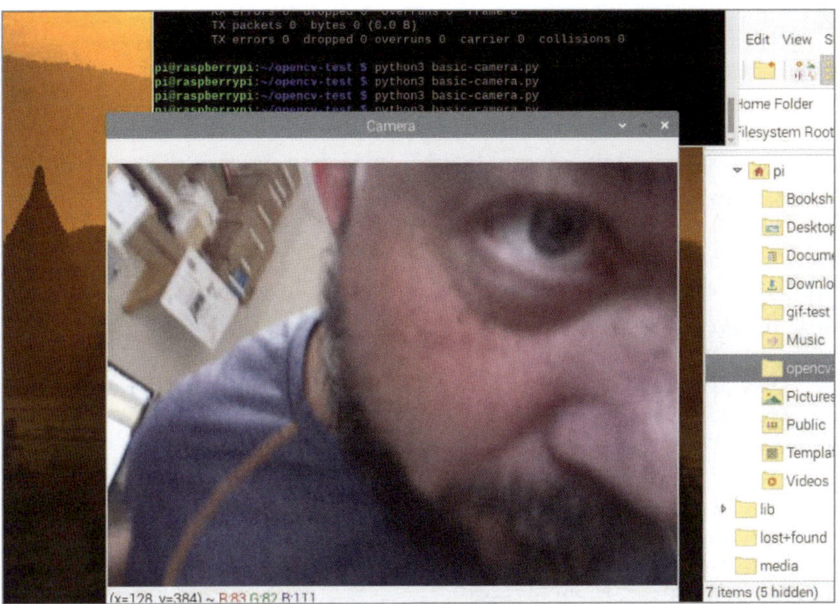

Abb. 9–10 Ausgabe der Webcam-Aufnahme am Monitor

Listing 9–4 Quellcode für basic-camera.py

```
from pi camera.array import Pi RGBArray
from pi camera import PiCamera
import time
import cv2

camera = PiCamera()
camera.resolution = (640,480) ❶
rawCapture = PiRGBArray(camera)

time.sleep (0.1) ❷

camera.capture (rawCapture, format = 'bgr') ❸
image = rawCapture.array

cv2.imshow ('Camera', image) ❹
cv2.waitKey(0)
```

❶ Erstellt ein neues Kameraobjekt und setzt Höhe und Breite des Bildes aus Performancegründen und für eine bessere Darstellung auf dem Bildschirm auf 640 × 480.

❷ Gibt der Kamera eine Zehntelsekunde, um sich vorzubereiten.

❸ Holt einen Frame von der Kamera. Dabei wird das »bgr«-Format statt »rgb« genutzt. OpenCV setzt auf BGR – warum auch immer.

❹ Zeigt das Bild in einem Fenster mit dem (nicht überraschenden) Namen »Camera« an.

Sie können auch den Code aus den letzten beiden Beispielen kombinieren und ein Python-Skript erstellen, mit dem ein Bild von der Webcam geholt und als *.jpeg*-Datei gesichert wird:

```
from picamera.array import PiRGBArray
from picamera import PiCamera
import time
import cv2

camera = PiCamera()
camera.resolution = (640, 480)
rawCapture = PiRGBArray(camera)

time.sleep(0.1)

camera.capture(rawCapture,format='bgr')
image = rawCapture.array

cv2.imwrite('Camera.jpeg', image)
```

Gesichtserkennung

Eine der leistungsfähigen Funktionen, die OpenCV mitbringt, ist die eingebaute Gesichtserkennung. Sie können Deep Learning oder ein paar andere Algorithmen nutzen, aber der schnellste und einfachste Weg zum Erkennen von Gesichtern sind *Haar Cascades*. Dabei handelt es sich im Prinzip um vortrainierte Modelle des maschinellen Lernens, die in OpenCV enthalten sind und es Ihnen erlauben, Gesichter mit nur wenigen Zeilen Code zu erkennen. Der Prozess ist ein bisschen fehlerbehafteter als andere Methoden, aber er ist schneller und kann auf ressourcenbeschränkten Maschinen wie dem Pi laufen. OpenCV bringt schon ein paar Cascades mit, wie zum Beispiel Gesicht, Nase, Auge, Mund und ganzer Körper. Alternativ können Sie bei Bedarf auch Ihre eigene Cascade-Datei herunterladen oder erzeugen, wenn das erforderlich ist. `cv2.CascadeClassifier()` analysiert ein Bild auf Übereinstimmungen hin. Findet es mindestens eine, gibt die Funktion die Position dieser Übereinstimmungen im Bild zurück. Sie können also Objekte wie Autos, Tiere oder Personen in Bilddateien oder in den Daten der Kamera finden. Zum Ausprobieren von `CascadeClassifer()` versuchen Sie es doch einmal mit einer einfachen Gesichtserkennung:

1. Zuerst müssen Sie den vortrainierten Classifier von der Github-Seite von OpenCV herunterladen: *github.com/opencv/opencv/blob/master/data/haarcascades/haarcascade_frontalface_default.xml*. Sichern Sie ihn unter dem gleichen Namen in einem neu erstellten Verzeichnis *opencv-test*.
2. Finden Sie online ein Bild mit mindestens einem Gesicht – ich verwende ein frei verfügbares von *morguefile.com*.
3. Erstellen Sie eine neue Datei im Verzeichnis *opencv-test* mit dem Namen *face-detector.py*.
4. Geben Sie den Code aus Listing 9–5 ein und passen Sie dabei den Namen der Bilddatei an Ihr heruntergeladenes Bild an.
5. Führen Sie das Skript aus.

Listing 9–5 Quellcode für face-detector.py

```
import cv2

face_cascade = cv2.CascadeClassifier('haarcascade_frontal
face_default.xml') ❶

img = cv2.imread('faces.jpeg')

gray = cv2.cvtColor(img, cv2.COLOR_BGR2GRAY) ❷

faces = face_cascade.detectMultiScale(gray, 1.1, 4) ❸

for (x, y, w, h) in faces:
cv2.rectangle(img, (x, y),(x+w, y+h),(255, 0, 0),2) ❹

cv2.imshow('Faces', img)
cv2.waitKey(0)
```

❶ Lädt den Haar-Cascades-Classifier.

❷ Wandelt das Bild in Graustufen um, da Haar-Cascades nicht mit Farbbildern funktionieren.

3. Erkennt mit Hilfe der Funktion `detectMultiScale` Gesichter. Dabei wird das Bild erwartet, die relative Größe der enthaltenen Gesichter und ein Parameter, der festlegt, wie empfindlich der Algorithmus für »gesichtsähnliche« Strukturen sein soll.
4. Zeichnet ein Rechteck um jedes erkannte Gesicht im Bild.

Wenn Ihr Bild Gesichter enthält, diese aber nicht erkannt werden, können Sie versuchen, am letzten Parameter von `detectMultiScale()` zu drehen, bis Sie bessere Ergebnisse erhalten. Sie können auch andere Bilder ausprobieren. Wie Sie sehen können, befindet sich auf dem Bild, das ich für diesen Test verwende, in der Mitte ein fälschlicherweise identifiziertes Gesicht. Spielen Sie mit dem letzten Parameter herum, kann das eine Fehlerkennung vermeiden. Diese spezielle Haar-Cascade ist zudem dazu gedacht, Gesichter zu finden, die normal ausgerichtet sind. Sind die Gesichter im Foto zu sehr geneigt oder nicht ganz auf die Kamera ausgerichtet, wird dadurch die Fähigkeit des Algorithmus zur Gesichtserkennung eingeschränkt.

Abb. 9–11 In einem Bild (fast nur) Gesichter erkennen

Projekt: Raspberry Pi Fotostudio

Sie können verschiedene Bibliotheken so kombinieren, dass Python ein mächtiges Tool für ziemlich komplexe Projekte wird. Mit der GPIO-Bibliothek, die Sie in Kapitel 7 kennengelernt haben, und OpenCV können Sie Ihr eigenes Fotostudio auf dem Raspberry Pi aufsetzen, das auf Ihrer nächsten Party bestimmt ein großer Hit wird (siehe Abb. 9–12). Und mit der Funktion `CascadeClassifier()` von OpenCV können Sie Ihr Fotostudio mit einem zusätzlichen Feature ausstatten – dem automatischen Überlagern von Gesichtern mit lustigen virtuellen Objekten wie Hüten, Monokeln und Bärten. Der Code dieses Projekts baut auf dem Mustacheinator-Projekt in *Practical Computer Vision with SimpleCV* von Kurt Demaagd, Anthony Oliver, Nathan Oostendorp und Katherine Scott (O'Reilly) auf.

Abb. 9–12 Ausgabe des Raspberry Pi Fotostudio

Das brauchen Sie, um Ihren Raspberry Pi in ein Fotostudio zu verwandeln:

- eine USB-Webcam oder das Raspberry Pi Camera Module
- einen Monitor
- einen Taster beliebiger Art
- Verbindungskabel in der gewünschten Länge

Bevor Sie loslegen, stellen Sie sicher, dass die Python-Bibliotheken gpiozero und OpenCV auf Ihrem Raspberry Pi installiert sind und auch funktionieren.

1. Wie in Kapitel 7 verbinden Sie Pin 24 mit dem Taster. Eine Seite des Tasters sollte mit Masse verbunden sein, die andere mit Pin 24. (Denken Sie daran, dass wir hier über BCM-Nummer sprechen, nicht über die realen Pins. Tatsächlich schließen Sie Pin 18 auf dem Pi an.)
2. Finden Sie ein kleines Bild eines schwarzen Schnurrbarts auf einem weißen Hintergrund oder erstellen Sie eines und sichern Sie es als *mustache.png* in einem neuen Ordner namens *photobooth* auf Ihrem Raspberry Pi. Sie können auch unsere fertige Schnurrbart-Datei im Unterverzeichnis *images* des Github-Repository zu diesem Buch herunterladen: *github.com/wdonat/gsw_raspi_4e*.
3. Laden Sie aus dem gleichen Repository die Datei *haarcascade_mcs_mouth.xml* herunter und legen Sie sie im Verzeichnis *photobooth* ab. (Laden Sie die Datei über die Weboberfläche von Github herunter, holen Sie sich am besten die Rohversion der Datei, kopieren den gesamten Text und fügen ihn in ein leeres Dokument auf Ihrem Computer ein. Dann sichern Sie dieses als *haarcascade_mcs_mouth.xml*.)
4. Erstellen Sie im Ordner *photobooth* eine neue Datei namens *photobooth.py*, geben Sie dort den Code aus Listing 9–6 ein und speichern Sie die Datei.

Listing 9–6 Quellcode für photobooth.py

```
import cv2
from picamera.array import PiRGBArray
from picamera import PiCamera
from gpiozero import Button
```

```
import time

button = Button(24)
camera = PiCamera()
camera.resolution = (800, 608) ❶
rawCapture = PiRGBArray(camera)

mouth_cascade = cv2.CascadeClassifier('haarcascade_mcs_mouth.xml') ❷

moustache = cv2.imread('moustache.png')
rows, cols, _ = moustache.shape

moustache2gray = cv2.cvtColor(moustache, cv2.COLOR_BGR2GRAY)
ret, mask = cv2.threshold(moustache2gray, 10, 255, cv2.THRESH_
BINARY)
mask_inv = cv2.bitwise_not(mask) ❸

while True:
    button.wait_for_press()
    camera.capture(rawCapture, format='bgr')
    cap = rawCapture.array
    cv2.imwrite('face.jpg', cap) ❹
    image = cv2.imread('face.jpg')
    gray = cv2.cvtColor(image, cv2.COLOR_BGR2GRAY)
    mouths = mouth_cascade.detectMultiScale(gray, 1.5, 15) ❺

    for (x, y, w, h) in mouths:
        roi = image[y-rows+10:y+10, x-5:x+cols-5] ❻
        cv2.imshow('mouth', roi)

        face_bg = cv2.bitwise_and(roi, roi, mask = mask) ❼
        moustache_fg = cv2.bitwise_and(moustache, moustache, mask
= mask_inv) ❽
        dst = cv2.add(face_bg, moustache_fg) ❾
        image[y-rows+10:y+10, x-5:x+cols-5] = dst ((10))

    cv2.imshow('Photobooth', image)
    cv2.waitKey(0)
    cv2.destroyAllWindows()
    time.sleep(0.1)
```

❶ Setzt die Kameraauflösung fest. Es sind nicht genau 800 × 600 – daher der Wert 608. Zwingen Sie die Kamera zu 600 Pixeln, erhält das Bild oft einen seltsamen Blaustich – und wir wollen hier nicht als Andorianer oder im *Avatar*-Stil zu sehen sein.

❷ Dies ist die Haar-Cascade, die im Bild nach einem Mund suchen wird.

❸ Diese und die vorige Zeile entfernen alles aus dem Schnurrbart-Bild außer der schwarzen Pixel und erzeugen eine Maske sowie eine invertierte Maske.

❹ Nach dem Einlesen des Bildes müssen Sie es in eine Datei schreiben und zum Bearbeiten neu öffnen. Das Rohbild, direkt aus der Kamera gelesen, lässt sich nicht bearbeiten – nicht einmal durch `sudo`.

❺ Hiermit wird der Mund (oder mehrere) mit Hilfe der Haar-Cascade im Graustufenbild gefunden.

❻ Hier wird eine *Region of Interest* (ROI) für den Mund bestimmt, über der wir den Schnurrbart platzieren werden.

❼ Dies maskiert das Gesicht mit dem Schnurrbart-Bild.

❽ Dies maskiert den Nicht-Schnurrbart-Teil des Schnurrbart-Bilds mit dem Teil des Gesicht-Bilds, der innerhalb der ROI liegt.

❾ Diese Zeile addiert die beiden Bilder.

❿ Schließlich ersetzen wir die ROI des Gesicht-Bilds durch das Schnurrbart+Gesicht-Bild, das wir gerade erstellt haben.

Jetzt können Sie das Ganze ausprobieren. Achten Sie darauf, dass Ihre Kamera angeschlossen ist. Dann wechseln Sie zum Terminal, rufen das Verzeichnis *photobooth* auf und führen das Skript aus:

```
$ python3 photobooth.py
```

Lassen Sie die Kamera auf Ihr Gesicht zeigen und drücken Sie den Taster. Wenn alle Parameter korrekt sind und die Kamera in die richtige Richtung zeigt, werden Sie auf dem Bildschirm ein Bild sehen, das dem oben ähnelt.

Fehlerbehebung

Hier können umfangreichere Experimente erforderlich sein. Der Mund-Classifier ist bei weitem nicht so gut trainiert wie der Gesicht-Classifier, den wir weiter oben eingesetzt haben, daher werden Sie entweder ein paar falsch positive Ergebnisse erhalten oder das Programm erkennt gar keine Münder, auch wenn Sie von einem Ohr zum anderen in die Kamera grinsen. Wenn so etwas passiert, spielen Sie mit den Werten in ❺ herum. Achten Sie auch darauf, dass Ihr Gesicht gut ausgeleuchtet ist, die Kamera direkt auf Sie zeigt und sich Ihr Gesicht im Bild in der Mitte befindet.

Dann geht es um die Platzierung des Schnurrbarts. Ich habe den von uns genutzten ziemlich gut auf ein einigermaßen zentriertes Gesicht in einem 800 × 600-Bild angepasst, aber Sie werden sehr wahrscheinlich mit dem Positionieren experimentieren müssen. Dazu spielen Sie mit den Konstanten in ❻ und ❿ herum. Stellen Sie dann aber sicher, dass sich alle Änderungen an der ersten Zeile auch in der zweiten Zeile widerspiegeln, denn sonst wird Ihr Skript vermutlich mit einem Fehler abbrechen. (Wollen Sie den Schnurrbart nach links oder rechts verschieben, ändern Sie die mit `y` verbundene Konstante, für oben oder unten die `x`-Konstante. Ja, das ist ein bisschen kontraintuitiv.

Sie können auch mit unterschiedlich großen Bildern herumexperimentieren und versuchen, auf diesem Weg bessere Ergebnisse zu erhalten.

Weitere Informationen

PyImage Search *(pyimagesearch.com)*
Immer wenn man mit OpenCV und dem Raspberry Pi arbeitet, sollte man die ausgezeichnete PyImage Search Site von Dr. Adrian Rosebrock kennen. Diese Site ist sehr gut aufgebaut und sie enthält Unmengen an Informationen zu so gut wie allem, was Sie über OpenCV lernen können – auf Linux, dem Pi oder in einem beliebigen anderen Betriebssystem. Zudem gibt es Ausflüge in das maschinelle Lernen, neuronale Netze und künstliche Intelligenz. Es lohnt sich auf jeden Fall, hier mal vorbeizuschauen.

OpenCV Documentation *(docs.opencv.org)*
Wie auch sonst ist ein Besuch der Online-Dokumentation von OpenCV keine schlechte Idee. Meiner Meinung nach ist die Doku für OpenCV nicht sehr gut indexiert und auch nicht sehr anwenderfreundlich, aber es gibt sehr viele Informationen, und es mag sich lohnen, dort zu stöbern, wenn Sie Fragen haben oder auch einfach nur neugierig sind, was OpenCV so alles kann.

10 Python und das Internet

Python besitzt eine sehr aktive Entwickler-Community, die ihre Arbeit häufig als Open-Source-Bibliotheken zum Vereinfachen komplexer Aufgaben bereitstellt. Manche dieser Bibliotheken erleichtern uns den Anschluss unserer Projekte an das Internet, um zum Beispiel Daten über das Wetter zu ermitteln, eine E-Mail oder SMS zu verschicken, Trends auf Twitter zu folgen oder als Webserver zu dienen.

In diesem Kapitel werden wir uns ein paar Möglichkeiten für Internetprojekte mit dem Raspberry Pi anschauen. Wir beginnen mit dem Lesen von Daten aus dem Internet, dann werden wir Ihnen zeigen, wie Sie Ihren eigenen Webserver auf dem Raspberry Pi erstellen.

Daten von einem Webserver laden

Wenn Sie eine Adresse in Ihren Webbrowser eingeben und die Eingabetaste drücken, ist Ihr Browser der *Client*. Er stellt eine Verbindung zum *Server* her, der mit einer Webseite interagiert. Natürlich muss ein Client kein Webbrowser sein, es kann sich auch um eine Mail-Anwendung, ein Wetter-Widget auf Ihrem Telefon oder Computer oder ein Spiel handeln, das Ihren Highscore an eine zentrale Bestenliste übermittelt. Im ersten Teil dieses Kapitels werden wir uns auf Projekte konzentrieren, in denen der Raspberry Pi als Client agiert. Der Code verbindet sich mit Internetservern, um Informationen zu erhalten. Zuvor müssen Sie aber noch eine beliebte Python-Bibliothek namens Requests installieren, mit der die Verbindung zu den Webservern über das *Hypertext Transfer Protocol* (HTTP) hergestellt wird.

Um Requests in Python zu verwenden, müssen Sie die Bibliothek zuerst importieren. Geben Sie über das Terminal ein:

```
$ python3
Python3.7.3(default, Jan222021, 20:04:44)
[GCC8.3.0]onlinux
Type "help", "copyright", "credits" or "license" for more information.
>>> import requests
>>>
```

Erhalten Sie keine Fehlermeldung, wissen Sie, dass Requests sauber installiert und nun in diese Python-Session importiert wurden.

Probieren Sie es jetzt aus:

```
>>> r = requests.get(‚http://www.google.com/')
>>>
```

Sie sind vielleicht zunächst etwas enttäuscht, weil es scheint, als sei nichts passiert. Tatsächlich wurden alle Daten des Requests im Objekt r gespeichert. So können Sie den Statuscode ausgeben:

```
>>> r.status_code
200
```

Der HTTP-Statuscode 200 bedeutet, dass die Anfrage erfolgreich war. Es gibt noch einige weitere HTTP-Statuscodes, von denen die wichtigsten in Tab. 10–1 zu finden sind.

Code	Bedeutung
200	OK
301	Dauerhaft verschoben
307	Zeitweise verschoben
401	Nicht autorisiert
404	Nicht gefunden
500	Serverfehler

Tab. 10–1 Häufige HTTP-Statuscodes

Wollen Sie den Inhalt der *Response* (was der Server Ihnen zurückgeschickt hat) ausgeben, benutzen Sie diese Anweisung:

```
>>> r.text
```

Hat alles wie gewünscht funktioniert, wird eine ganze Menge Text ausgegeben. Sie werden teilweise etwas lesen können, aber das meiste wird nur schwer verständlich sein. Dies ist der HTML-Code der Startseite von Google – normalerweise von einem Webbrowser interpretiert und gerendert.

Aber nicht alle HTTP-Requests sind dazu gedacht, von einem Webbrowser gerendert zu werden. Manchmal werden nur Daten übertragen – ohne weitere Informationen zur gewünschten Anzeigeform. Viele Sites stellen diese Datenprotokolle der Öffentlichkeit zur Verfügung, sodass wir mit ihnen Daten austauschen können, ohne einen Browser benutzen zu müssen. Solch eine Datenprotokoll-Spezifikation wird meist als *Application Programming Interface* oder API bezeichnet. Mit APIs können verschiedene Softwareelemente miteinander kommunizieren, und man kann mit ihnen Daten über das Internet von einer Site zu einer anderen übertragen.

Nehmen wir zum Beispiel an, dass Sie ein Projekt aufbauen wollen, das vor Ihrer Tür angebracht ist und Sie daran erinnert, einen Schirm mitzunehmen, wenn Regen vorhergesagt ist. Statt Ihre eigene Wetterstation einzurichten und herauszufinden, wie man Regen voraussagt, können Sie die Vorhersage von einer der vielen Wetter-APIs abholen, die zur Verfügung stehen.

Die Wettervorhersage abfragen

Um herauszufinden, ob es heute regnen wird oder nicht, werden wir Ihnen zeigen, wie Sie die API von Weather Underground (*www.wunderground.com*) verwenden können.

Um die API zu nutzen, führen Sie die folgenden Schritte durch:

1. Rufen Sie in einem Webbrowser die Homepage von Weather Underground (*www.wunderground.com/weather/api*) auf und geben Sie Ihre erforderlichen Informationen ein, um sich anzumelden.
2. Nach dem Anmelden mit Ihrem Account müssen Sie eine Wetterstation erstellen und registrieren, um einen API-Key zu erhalten. Keine Sorge – Sie können einen Raspberry Pi als Wetterstation registrieren.

3. Danach kehren Sie zu weather/api zurück (*www.wunderground.com/weather/api*). Wenn das Ihre erste Anmeldung war, werden Sie einen Hinweis erhalten, dass Ihnen noch keine API-Keys zugewiesen wurden, weil Sie eine Wetterstation besitzen müssen. Klicken Sie auf den Button »Learn More«, um zur Seite für das Personal Weather Station Network zu gelangen. Klicken Sie dort auf die Registerkarte »Register«.
4. Klicken Sie auf »Add New Device« (Abb. 10–1).
5. Wählen Sie auf der Seite den Raspberry Pi aus dem Dropdown-Menü unter Personal Weather Station aus und klicken Sie auf »Next«.
6. Geben Sie jetzt Ihre Adresse an (wo Sie Ihre Pi-Wetterstation nutzen wollen) und klicken Sie auf »Next«. Auf der nächsten Seite geben Sie Ihrem Gerät einen Namen und eine Höhe über dem Boden an, auf dem Ihr Gerät installiert werden wird. Akzeptieren Sie das Privacy Agreement und klicken Sie auf »Next«.
7. Jetzt ist Ihre Registrierung vollständig (Abb. 10–2). Notieren Sie sich die Anmeldeinformationen, da Sie sie später brauchen werden, und klicken Sie dann auf den Button »My Devices«. Klicken Sie schließlich auf *dieser* Seite auf die Registerkarte »API Keys«. Markieren Sie die Checkbox bei Terms of Services und klicken Sie auf »Generate New Key«. Ihr neuer API-Key wird erzeugt und im Textfeld angezeigt. Sie sollten ihn kopieren und irgendwo speichern.
8. Klicken Sie hier auf den Button »View API Documentation«, landen Sie auf einer Google-Docs-Seite, auf der die für Sie verfügbaren APIs beschrieben werden. Um mehr über ihren Einsatz zu erfahren, klicken Sie auf die zugehörigen Links auf der rechten Seite. Für dieses Projekt klicken Sie auf den Link »Forecast« weiter unten.
9. So landen Sie auf einer weiteren Google-Doc-Seite mit fünf Seiten voll mit Informationen über die verfügbaren Felder, ihre Bedeutung, die verschiedenen möglichen API-Aufrufe, die jeweils erforderlichen Parameter und schließlich einem Beispiel einer JSON-Response zu einem der API-Aufrufe. Schauen Sie sich die erste Zeile an, in der die URL zu sehen ist, die Sie brauchen, um die Wettervorhersage an einem beliebigen Ort zu erhalten. Beachten Sie, dass in dieser URL Ihr API-Key enthalten ist, dazu der Längen- und Breitengrad einer bestimmten

Wetterstation (ich weiß aber nicht, welche das ist). Der API-Key ist in diesem Beispiel nicht gefüllt, wohl aber Längen- und Breitengrad. Wollen Sie die Vorhersage für einen beliebigen Ort auf der Erde erhalten, können Sie Ihren eigenen API-Key nutzen und einfach den Standort in der URL anpassen.

10. Um die Forecast-API auszuprobieren, kopieren Sie die URL in die Adressleiste Ihres Browsers und setzen Ihren API-Key ein. Sie sollten die Vorhersagedaten in einem Format namens JSON (Java Script Object Notation, siehe Listing 10–1) erhalten. Herzlichen Glückwunsch! Sie haben gerade mit der API von Weather Underground interagiert!

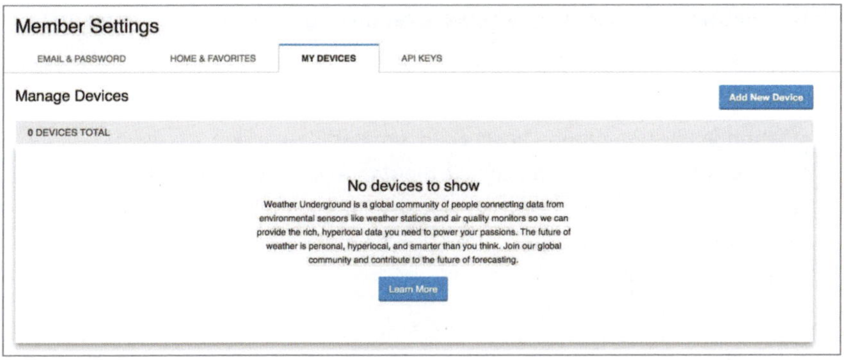

Abb. 10–1 Ein neues Gerät hinzufügen

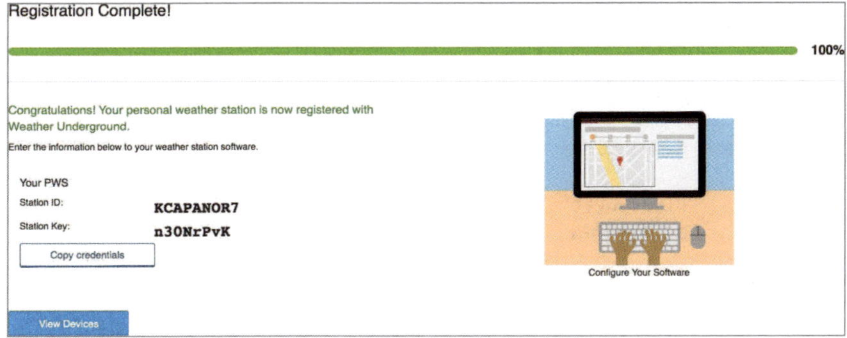

Abb. 10–2 Abgeschlossene Registrierung

Auch wenn das JS für JavaScript steht, wird JSON in vielen Programmiersprachen genutzt, insbesondere bei der Kommunikation über eine API.

Wenn ich erstmalig mit einer API interagiere und die Responses verstehen möchte, kopiere ich manchmal den Text in einen Texteditor und verteile ihn auf mehrere Zeilen, um ihn für Menschen besser lesbar zu machen. So kann ich die natürliche Hierarchie des JSON erkennen und genau herausfinden, wonach ich Ausschau halten muss, wenn ich die Response in meinem Code dekodiere. Ich beginne damit, die Schlüssel/Wert-Paare in einzelnen Zeilen unterzubringen (Listing 10–1). Hier können Sie sehen, dass es Schlüssel wie »sunriseTimeLocal«, »precipChange« oder »narrative« gibt, in der sich die textuelle Beschreibung der Vorhersage für die nächsten Tage findet.

Denken Sie daran, dass nicht alle APIs gleich aufgebaut sind. Sie müssen sich die zugehörige Dokumentation anschauen, um herauszufinden, ob die API für Ihr Projekt passt. Zudem beschränken die meisten APIs die Menge der Anfragen, die Sie stellen dürfen – manche kosten sogar Geld. Häufig ist eine gewisse Anzahl Anfragen pro Tag kostenlos, was zum Experimentieren und für den persönlichen Gebrauch ausreicht.

Listing 10–1 Teil einer JSON-Response der API von Weather Underground

```
{
  "calendarDayTemperatureMax": [74,83,75,73,62,63],
  "calendarDayTemperatureMin": [49,55,63,59,52,50],
  "dayOfWeek": ["Saturday","Sunday","Monday","Tuesday",
"Wednesday","Thursday"]
  ...
  "daypart": [
    {
        "cloudCover": [null,37,38,78,86,65,79,89,92,82,83,61],
        "dayOrNight":
[null,"N","D","N","D","N","D","N","D","N","D","N"],
        "precipChance": [null,1,1,49,51,24,24,56,55,39,33,24],
        ....
    }
  ]
}
```

Wie es der Zufall so will, ist JSON von der Form her identisch zu Pythons Dictionary-Datentyp (einem Satz von Schlüssel/Wert-Paaren), wodurch es sehr einfach ist, Python-Code zu schreiben, der JSON liest und schreibt, um mit den diversen APIs zu interagieren. Dazu können Sie die `json`-Bibliothek von Python importieren.

Möchten Sie wirklich verstehen, was die API anbietet, können Sie auch ein paar Befehle in Ihrem Terminal absetzen:

```
$ python3

>>> import requests
>>> key ='<HIER IHR API-KEY>'
>>> api_url = 'https://api.weather.com/v3/wx/forecast/
daily/5day?geocode=33.74,-84.39&format=json&units=e&language
=en-US&apiKey=' + key
>>> r = requests.get(api_url)
>>> forecast = r.json()
>>> for key in forecast:
... print(key)
```

(Wenn Sie mit Python auf diese Art und Weise Befehl für Befehl im Terminal interagieren und einen Befehl eingeben, für den ein Codeblock eingerückt werden muss, wie zum Beispiel bei `for`, müssen Sie die Tab-Taste für jede folgende eingerückte Zeile drücken. Sie werden als Beleg dafür eine Ellipse aus drei Punkten sehen. Drücken Sie am Ende des eingerückten Blocks dann wieder die Eingabetaste.)

Diese Befehle werden Folgendes zurückgeben:

```
calendarDayTemperatureMax
calendarDayTemperatureMin
dayOfWeek
expirationTimeUtc
moonPhase
moonPhaseCode
moonPhaseDay
moonriseTimeLocal
moonriseTimeUtc
moonsetTimeLocal
moonsetTimeUtc
narrative
qpf
qpfSnow
```

```
sunriseTimeLocal
sunriseTimeUtc
sunsetTimeLocal
sunsetTimeUtc
temperatureMax
temperatureMin
validTimeLocal
validTimeUtcdaypart
```

Sie sehen so genau, welche Schlüssel zum Auswerten zur Verfügung stehen. Beachten Sie, dass daypart Teil einer Liste aus einem Element ist, die ein Dictionary enthält, daher können Sie ein wenig tiefer schürfen, indem Sie Folgendes eingeben:

```
>>> for key in forecast['daypart'][0]:
... print(key)
```

Das liefert:

```
cloudCover
dayOrNight
daypartName
iconCode
iconCodeExtend
narrative
precipChance
precipType
qpf
qpfSnow
qualifierCode
qualifierPhrase
relativeHumidity
snowRange
temperature
temperatureHeatIndex
temperatureWindChill
thunderCategory
thunderIndex
uvDescription
uvIndex
windDirection
windDirectionCardinal
windPhrase
windSpeed
wxPhraseLong
wxPhraseShort
```

Wie Sie sehen, finden sich in diesem einfachen API-Aufruf sehr viele Informationen, und Sie können viel Zeit damit verbringen, die gewünschten dort herauszuziehen. Aber vielleicht erinnern Sie sich noch: Wir wollten ein Skript haben, das uns erzählt, ob wir einen Regenschirm brauchen. Es gibt einen Schlüssel in `daypart` mit dem Namen `precipChance`, dessen Wert wir abfragen können, um die Wahrscheinlichkeit zu erhalten, dass es an diesem Tag regnen wird. Für einen Regen-Vorhersageindikator wollen wir annehmen, dass Sie bei jeder Wahrscheinlichkeit größer als 30% einen Schirm mitnehmen sollten.

1. Schließen Sie eine LED wie in Abb. 6–5 an Pin 25 an.
2. Erstellen Sie eine neue Datei mit dem Namen *umbrella-indicator.py* und verwenden Sie den Code in Listing 10–2. Vergessen Sie nicht, Ihren eigenen API-Key und den gewünschten Standort in die API-URL einzutragen.
3. Führen Sie das Skript mit der Anweisung `sudo python3 umbrella-indicator.py` als Root aus.

Listing 10–2 Quellcode für umbrella-indicator.py

```
import requests
import time
from gpiozero import LED

key = '<HIER IHR API-KEY>' ❶
latitude = '<BREITENGRAD>'  # Mit '' zu einem String machen
longitude = '<LÄNGENGRAD>'  # Auch hier ''
api_url = 'https://api.weather.com/v3/wx/forecast/
daily/5day?geocode=' + latitude + ',' + longitude +
'&format=json&units=e&language=en-US&apiKey=' + key

while True:
    r = requests.get(api_url)
    forecast = r.json()
    pop_value = forecast['daypart'][0]['precipChance'] ❷
    if pop_value is None:
        pop_value = 0 ❸
    if pop_value >= 30: ❹
        led.on()
    else:
        led.off() ❺
    time.sleep(180) # 3 Minuten ❻
```

❶ Wie schon weiter oben tragen Sie hier Ihren API-Key ein.

❷ Die Niederschlagswahrscheinlichkeit für heute auslesen und in `pop_value` ablegen.

❸ `pop_value` aus einem String in eine Zahl umwandeln, um sie besser vergleichen zu können.

❹ Ist der Wert größer oder gleich 30, wird die LED angeschaltet.

❺ Andernfalls wird die LED ausgeschaltet.

❻ Drei Minuten bis zur nächsten Abfrage warten, damit das Skript die API-Grenze von 500 Abfragen pro Tag nicht überschreitet.

Wie Ihnen vielleicht schon aufgefallen ist, gibt es eine kleine Stolperfalle in der API, die wir in unserem Skript berücksichtigen müssen: Gibt es keine Niederschlagswahrscheinlichkeit für den Tag, ist der Wert in `precipChance` »None«. Das bedeutet, dass wir beim Prüfen der `precipChance` für diesen Tag nicht »0« als Ergebnis bekommen, sondern »None«. Wir können »None« aber nicht mit 30 vergleichen, daher wird das Skript zu einem Fehler führen, wenn wir versuchen, es an einem Tag ohne Niederschlagswahrscheinlichkeit in der Vorhersage auszuführen. Um das zu berücksichtigen, setzen wir `pop_value` stattdessen auf `0`, wenn es »None« ist, und fahren dann dort.

Drücken Sie Strg-C, um das Programm zu beenden, wenn Sie fertig sind.

Die API von Weather Underground ist eine der vielen verschiedenen APIs, mit denen Sie experimentieren können. In Tab. 10–2 finden Sie ein paar weitere Sites und Services, die APIs anbieten.

Site	API-Referenz-URL
Facebook	*developers.facebook.com*
Flickr	*www.flickr.com/services/api*
Foursquare	*developer.foursquare.com*
Reddit	*www.reddit.com/dev/api*
Twilio	*www.twilio.com*
Twitter	*dev.twitter.com*
YouTube	*developers.google.com/youtube*

Tab. 10–2 Beliebte Application Programming Interfaces

Serving Pi (ein Webserver sein)

Sie können mit dem Raspberry Pi nicht nur Daten über das Internet von Servern auslesen – Ihr Pi kann auch selbst als Server dienen. Es gibt viele verschiedene Webserver, die Sie auf dem Raspberry Pi installieren können. Klassische Webserver, wie Apache oder lighthttpd, stellen Clients Dateien von Ihrem Pi bereit. Meistens verschicken solche Server HTML-Dateien und Bilder, aus denen Webseiten aufgebaut werden, aber sie können auch Sound- und Videodateien, ausführbare Programme und vieles mehr anbieten.

Es gibt aber auch eine neue Art Tools, die Programmiersprachen wie Python, Ruby und JavaScript so erweitern, dass Webserver entstehen, die den HTML-Code dynamisch erstellen, wenn sie HTTP-Requests von einem Webbrowser erhalten. Damit lassen sich wunderbar physikalische Ereignisse auslösen, Daten ablegen oder der Wert eines Sensors aus der Ferne über einen Webbrowser ermitteln. Sie können sogar Ihre eigene JSON-API für ein Elektronikprojekt schreiben!

Grundlagen zu Flask

Wir werden ein Python-Webframework namens Flask (*flask.palletsprojects.com*) nutzen, um den Raspberry Pi in einen dynamischen Webserver zu verwandeln. Sie können mit Flask schon »out of the box« sehr viel erreichen, aber es unterstützt auch eine Reihe von Erweiterungen für die

Benutzerauthentifizierung, das Erstellen von Formularen und den Zugriff auf Datenbanken. Sie können zudem auch all die Standard-Python-Bibliotheken einsetzen.

Warum Flask und nicht Django?

Flask und Django sind zwei verschiedene Frameworks für das Entwickeln von Web-Dingen in Python. (Ein Framework ist eine Sammlung von Modulen oder Paketen, die beim Entwickeln helfen, Apps oder Services zu schreiben, ohne sich allzu viele Gedanken um die Low-Level-Details machen zu müssen.) Django ist ein tolles Framework für das Entwickeln von Web-Apps in Python. Aber für unsere Zwecke ist Flask besser: Es ist kleiner, hat beim Entwickeln weniger Einschränkungen und passt super zu den Anforderungen dieses Kapitels.

So installieren Sie Flask und seine abhängigen Module:

```
$ pip3 install --user flask
```

Um die Installation zu testen, erstellen Sie eine neue Datei namens *hello-flask.py* mit dem Code aus Listing 10–3. Machen Sie sich keine Sorgen, wenn Sie den Code noch unverständlich finden – Sie müssen jetzt nicht jede Zeile Code verstehen. Der wichtigste Teil des Codes ist der mit dem String »Hallo Welt!«.

Listing 10–3 Quellcode für hello-flask.py

```
from flask import Flask
app = Flask(__name__)  ❶

@app.route("/")  ❷
def hello():
    return "Hallo Welt!"  ❸

if __name__ == "__main__":  ❹
    app.run(host='0.0.0.0', port=80, debug=True)  ❺
```

❶ Ein Flask-Objekt mit dem Namen app erstellen.

❷ Den folgenden Code ausführen, wenn jemand die Root-URL des Servers anfordert.

❸ Den Text »Hallo Welt!« an den Client schicken.

❹ Wenn das Skript direkt von der Befehlszeile aus aufgerufen wurde, …

❺ … den Server an Port 80 lauschen lassen und Fehler protokollieren.

Bevor Sie das Skript laufen lassen, müssen Sie die IP-Adresse Ihres Raspberry Pi kennen (siehe Abschnitt »Das Netzwerk« auf S. 54). Alternativ können Sie `avahi-daemon` installieren (rufen Sie `sudo apt-get install avahi-daemon` an der Befehlszeile auf). Damit können Sie den Pi in Ihrem lokalen Netzwerk über die Adresse *raspberrypi.local* ansprechen. Greifen Sie auf den Webserver auf dem Raspberry Pi über einen Windows-Rechner zu, müssen Sie dort eventuell die Bonjour Services (*bit.ly/1sjViwr*) installieren, damit alles funktioniert.

Jetzt können Sie den Server laufen lassen, was Sie als Root tun müssen:

```
$ sudo python3 hello-flask.py
 * Serving Flask app "hello-flask" (lazy loading)
 * Environment:production
WARNING: Do not use the development server in a production
environment. Use a production WSGI server instead.
 * Debug mode: on
 * Running on http://0.0.0.0:80/ (Press CTRL+C to quit)
 * Restarting with stat
 * Debugger is active!
 * Debugger PIN:328-390-680
```

Geben Sie an einem anderen Computer, der sich im gleichen Netzwerk wie der Raspberry Pi befindet, die IP-Adresse des Pi in einen Webbrowser ein. Zeigt Ihr Browser »Hallo Welt!« an, wissen Sie, dass Sie ihn richtig konfiguriert haben. Vielleicht sind Ihnen auch die zusätzlichen Zeilen im Terminalfenster des Raspberry Pi aufgefallen:

```
192.68.2.4 - - [09/May/202117:16:31] "GET/HTTP/1.1" 200 -
192.68.2.4 - - [09/May/202100:31:31] "GET/favicon.icoHTTP/
1.1" 404 -
```

In der ersten Zeile steht, dass der Webbrowser die Root-URL angefordert und unser Server den HTTP-Statuscode 200 für »OK« zurückgeliefert hat. Die zweite Zeile ist ein Request, den viele Webbrowser automatisch mitschicken, um ein kleines Symbol als *Favicon* zu erhalten, das sie neben der URL in der Adresszeile des Browsers anzeigen können. Unser Server besitzt keine Datei *favicon.ico*, daher wurde der Statuscode 404 zurückgegeben, der angibt, dass die URL nicht gefunden wurde.

Wollen Sie dem Browser eine Seite schicken, die in sauberem HTML formatiert ist, müssen Sie nicht den ganzen HTML-Code in Ihrem Python-Skript selbst schreiben. Flask nutzt eine Template Engine namens Jinja2 (*jinja.pocoo.org/docs/templates*), sodass Sie separate HTML-Dateien mit Platzhaltern verwenden können, in die dynamische Daten eingefügt werden.

Läuft bei Ihnen immer noch *hello-flask.py*, drücken Sie `Strg`-`C`, um es abzubrechen.

Um die Templates auszuprobieren, erstellen Sie eine neue Datei mit dem Namen *hello-template.py* und fügen den Code aus Listing 10–4 ein. Im Verzeichnis mit *hello-template.py* erstellen Sie ein Unterverzeichnis namens *templates*. In diesem Unterverzeichnis erstellen Sie eine Datei *main.html* und fügen den Code aus Listing 10–5 ein. Alle Teile in doppelten geschweiften Klammern im HTML-Template werden als Variablen interpretiert, die vom Python-Skript über die Funktion `render_template` übergeben werden.

Listing 10–4 Quellcode für hello-template.py

```
from flask import Flask, render_template
import datetime
app = Flask(__name__)

@app.route("/")
def hello():
   now = datetime.datetime.now()  ❶
   timeString = now.strftime("%Y-%m-%d%H:%M")  ❷
   templateData = {
      'title':'HALLO!',  ❸
      'time':timeString
      }
   return render_template('main.html', **templateData)  ❹

if __name__ == "__main__":
app.run(host='0.0.0.0', port=80, debug=True)
```

❶ Aktuelle Uhrzeit holen und in `now` ablegen.

❷ Einen formatierten String mit Datum und Uhrzeit aus dem Objekt `now` erstellen.

❸ Ein *Dictionary* mit Variablen erstellen (eine Sammlung von Schlüsseln, wie `title`, die mit Werten wie `HALLO!` verbunden sind), um es an das Template zu übergeben.

❹ Das Template *main.html* mit den Variablen aus dem Dictionary `templateData` an den Webbrowser zurückgeben.

Listing 10–5 Quellcode für templates/main.html

```
<!DOCTYPE html>
<head>
   <title>{{ title }}</title> ❶
</head>
<body>
   <h1>Hallo Welt!</h1>
   <h2>Auf dem Server ist es jetzt: {{ time }}</h2> ❷
</body>
</html>
```

❶ Die Variable `title` im HTML-Titel der Seite nutzen.

❷ Die Variable `time` auf der Seite einsetzen.

Wenn Sie jetzt *hello-template.py* ausführen (wie zuvor müssen Sie dazu `sudo` benutzen) und die IP-Adresse Ihres Raspberry Pi in Ihrem Webbrowser aufrufen, sollten Sie eine formatierte HTML-Seite mit dem Titel »HALLO!« und dem aktuellen Datum und der Uhrzeit des Pi erhalten.

Es ist sehr unwahrscheinlich, dass diese Seite außerhalb Ihres lokalen Netzwerks erreichbar ist, wobei das davon abhängt, wie Ihr Netzwerk eingerichtet ist. Wollen Sie die Seite auch außerhalb zur Verfügung stellen, müssen Sie Ihren Router für das Port Forwarding konfigurieren. Damit weisen Sie ihn an, eingehende Requests für seine externe IP-Adresse an Port 80 (zum Beispiel) direkt zur Weiterverarbeitung an den Pi zu schicken. Schauen Sie sich dazu die Dokumentation Ihres Routers an.

Das Web mit der realen Welt verbinden

Sie können Flask mit anderen Python-Bibliotheken zusammen einsetzen, um Ihre Site mit zusätzlicher Funktionalität zu versehen. So können Sie zum Beispiel mit dem Python-Modul GPIO Zero (siehe Kapitel 7) eine Website aufbauen, die mit der realen Welt verbunden ist. Um das auszuprobieren, verbinden Sie drei Taster oder Schalter mit den Pins 23, 24 und 25 – so, wie Sie es beim Simple-Soundboard-Projekt in Abb. 7–2 gemacht haben.

Der folgende Code erweitert die Funktionalität von *hello-template.py*, kopieren Sie ihn daher in eine neue Datei mit dem Namen *hello-gpio.py*. Fügen Sie das gpiozero-Modul und eine neue Route zum Auslesen der Taster hinzu, wie wir es in Listing 10–6 gemacht haben. Die neue Route übernimmt eine Variable aus der angeforderten URL und nutzt sie, um herauszufinden, welcher Pin ausgelesen werden soll.

Listing 10–6 Angepasster Quellcode für hello-gpio.py

```
from flask import Flask, render_template
import datetime
from gpiozero import Button
app = Flask(__name__)

button1 = Button(24)
button2 = Button(25)
button3 = Button(26)

@app.route("/")
def hello():
   now = datetime.datetime.now()
   timeString = now.strftime("%Y-%m-%d%H:%M")
   templateData = {
      'title' : 'HALLO!',
      'time' : timeString
      }
return render_template('main.html', **templateData)

@app.route("/readPin/<pin>")
def readPin(pin)  ❶
   try:  ❷
      if pin == '23':  ❸
         if button1.is_pressed:  ❹
            response = "Pin 23 ist High!"
```

```
            else: ❺
                response = "Pin 23 ist Low!"
        elif pin == '24':
            if button2.is_pressed:
                response = "Pin 24 ist High!"
            else:
                response = "Pin 24 ist Low!"
        elif pin == '25':
            if button3.is_pressed:
                response = "Pin 25 ist High!"
            else:
                response = "Pin 25 ist Low!"
    except: ❻
        response = "Fehler beim Lesen von Pin" + pin + "."

    templateData = {
        'title' : 'Status von Pin' + pin,
        'response' : response
        }

    return render_template('pin.html', **templateData)

if __name__ == "__main__":
app.run(host='0.0.0.0', port=80, debug=True)
```

❶ Eine dynamische Route mit der Pin-Nummer als Variable hinzufügen.

❷ Führt der folgende, eingerückte Code zu einer Exception, wird der Code im `except`-Block ausgeführt.

❸ Übernimmt die Pin-Nummer aus der URL und prüft auf den entsprechenden Button.

❹ Ist der Pin High, wird der entsprechende Response-Text gesetzt.

❺ Andernfalls wird der andere Response-Text gesetzt.

❻ Gab es einen Fehler beim Lesen des Pins, wird die Response entsprechend gesetzt.

Sie sollten auch ein neues Template *pin.html* erstellen. Das unterscheidet sich nicht sehr von *main.html*, daher können Sie *main.html* nach *pin.html* kopieren und dann die entsprechenden Änderungen wie in Listing 10–7 vornehmen.

Listing 10-7 Quellcode für templates/pin.html

```
<!DOCTYPEhtml>
    <head>
        <title>{{ title }}</title> ❶
    </head>

    <body>
        <h1>Pin-Status</h1> ❷
        <h2>{{ response }}</h2>
    </body>
</html>
```

❶ Fügt den Titel aus *hello-gpio.py* in den Seitentitel ein.

❷ Setzt den Response von *hello-gpio.py* auf der Seite in HTML-Heading-Tags.

Wenn Sie dieses Skript laufen lassen, können Sie in Ihrem Webbrowser die IP-Adresse des Raspberry Pi eingeben. Dann sollten Sie weiterhin die Standardseite mit »Hallo Welt!« erhalten, die wir schon angelegt hatten. Hängen Sie nun aber an das Ende der URL */readPin/24* an, um so etwas wie *10.0.1.103/readPin/24* zu erhalten. Es sollte eine Seite erscheinen, auf der angezeigt wird, dass der Pin Low ist. Halten Sie nun den Taster für Pin 24 gedrückt und aktualisieren Sie die Seite – er sollte nun als High angezeigt werden!

Probieren Sie auch die anderen Taster durch Ändern der URL aus. Das Tolle an diesem Code ist, dass wir die Funktion zum Lesen des Pins nur einmal schreiben und auch die HTML-Seite nur einmal anlegen mussten – aber trotzdem sieht es so aus, als ob es separate Webseiten für jeden der Pins gäbe!

Projekt: WebLamp

In Kapitel 6 haben wir Ihnen in »Projekt: Cron-Lampenzeitschaltuhr« (S. 111) gezeigt, wie Sie den Raspberry Pi als einfachen Zeitschalter für eine Lampe nutzen. Nachdem Sie nun wissen, wie Sie Python und Flask einsetzen, können Sie den Status der Lampe auch über das Web beeinflussen. Dieses einfache Projekt soll als Ausgangspunkt für Sie dienen, damit Sie sehen, wie Sie Geräte über den Raspberry Pi mit dem Internet verbinden können.

Und wie das vorige Flask-Beispiel gezeigt hat, wie Sie den gleichen Code für mehrere Pins einsetzen können, werden Sie dieses Projekt so einrichten, dass Sie in Zukunft auch mehrere Geräte ansteuern können:

1. Das Hardware-Setup für dieses Projekt entspricht exakt dem aus Abschnitt auf S. 111. Alle dort aufgeführten Teile benötigen Sie auch hier.
2. Verbinden Sie den PowerSwitch Tail II mit Pin 25 – so wie beim Cron-Lampenschalter.
3. Haben Sie ein weiteres PowerSwitch-Tail-II-Relais, verbinden Sie es mit Pin 24, um ein zweites Gerät ansteuern zu können. Oder Sie schließen nur eine LED an Pin 24 an. Wir werden dies benutzen, um zu zeigen, wie mehrere Geräte über den gleichen Code gesteuert werden können.
4. Erstellen Sie ein neues Verzeichnis in Ihrem Home-Verzeichnis und geben Sie ihm den Namen *WebLamp*.
5. In WebLamp erstellen Sie eine Datei namens *weblamp.py* und fügen den Code aus Listing 10–8 ein.
6. Erstellen Sie in *WebLamp* ein neues Verzeichnis mit dem Namen *templates*.
7. Erstellen Sie in *templates* die Datei *main.html*. Den Quellcode für diese Datei finden Sie in Listing 10–9. Wechseln Sie im Terminal ins Verzeichnis *WebLamp* und starten Sie den Server. Achten Sie darauf, zuvor mit `Strg`-`C` alle anderen Flask-Server zu stoppen, die noch laufen, denn wenn schon ein Server läuft, wird Ihr Code nicht ausgeführt werden. Stattdessen werden Sie eine Fehlermeldung erhalten, dass die Adresse schon genutzt wird, und das Skript wird abbrechen.

   ```
   pi@raspberrypi ~/WebLamp $ sudo python3 weblamp.py
   ```

8. Öffnen Sie den Webbrowser Ihres Mobiltelefons und geben Sie die IP-Adresse Ihres Raspberry Pi in der Adressleiste ein, wie in Abb. 10–3 gezeigt.

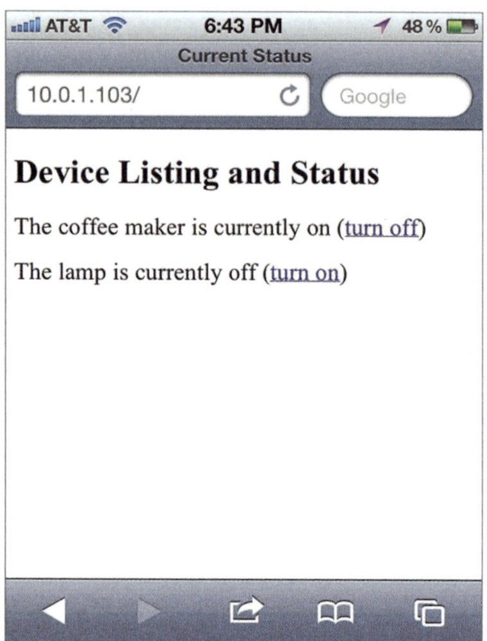

Abb. 10–3 Die Bedienoberfläche auf einem Mobile-Webbrowser

Listing 10–8 Quellcode für weblamp.py

```
from gpiozero import LED
from flask import Flask, render_template, request
app = Flask(__name__)

pins = {
    24 : {'name' : 'Kaffeemaschine', 'state': False},
    25 : {'name' : 'Lampe', 'state': False}
    } ❶

led24 = LED(24) ❷
led25 = LED(25)
led24.off()
led25.off()

@app.route("/") ❸
def main():
    pins[24]['state'] = led24.is_lit
    pins[25]['state'] = led25.is_lit
```

```
    templateData = { ❹
        'pins' : pins
        }
    return render_template('main.html', **templateData) ❺

@app.route("/<changePin>/<action>") ❻
def action(changePin, action):
    changePin = int(changePin) ❼
    deviceName = pins[changePin]['name'] ❽
    if action == "on": ❾
        if changePin == 24: ❿
            led24.on()
            pins[24]['state'] = led24.is_lit
        if changePin == 25:
            led25.on()
            pins[25]['state'] = led25.is_lit
        message = deviceName + " angeschaltet." ⓫

    if action == "off":
        if changePin == 24:
            led24.off()
            pins[24]['state'] = led24.is_lit
        if changePin == 25:
            led25.off()
            pins[25]['state'] = led25.is_lit
        message = deviceName + " ausgeschaltet."

    if action == "toggle":
        if changePin == 24:
            led24.toggle()
            pins[24]['state'] = led24.is_lit
        if changePin == 25:
            led25.toggle(). ⓬
            pins[25]['state'] = led25.is_lit
        message = deviceName + " umgeschaltet."


    templateData = { ⓭
        'message' : message,
        'pins' : pins
    } ⓮

    return render_template('main.html', **templateData)

if __name__ == "__main__":
    app.run(host='0.0.0.0', port=80, debug=True)
```

❶ Erstellt ein Dictionary namens `pins`, um dort Pin-Nummer, Name und Pin-Status abzulegen.

❷ Setzt jeden Pin als Output und seinen Status auf Low.

❸ Liest jeden Pin-Status und speichert ihn in Dictionary `pins`.

❹ Steckt das `pin`-Dictionary in das Dictionary für die Template-Daten.

❺ Übergibt die Template-Daten an das Template *main.html* und gibt das Ergebnis an den Anwender zurück.

❻ Die folgende Funktion wird ausgeführt, wenn jemand eine URL mit der Pin-Nummer und der entsprechenden Aktion anfordert.

❼ Wandelt den Pin aus der URL in eine Zahl um.

❽ Holt den Gerätenamen für den zu ändernden Pin.

❾ Ist der Aktionsteil der URL »on«, wird der folgende eingerückte Code ausgeführt.

❿ Setzt den Pin auf High.

⓫ Sichert die Status-Nachricht, um sie an das Template übergeben zu können.

⓬ Liest den Pin und setzt ihn auf den gegenteiligen Wert (also ein Umschalter).

⓭ Liest den Status jedes Pins und legt ihn in Dictionary `pins` ab.

⓮ Steckt das `pins`-Dictionary zusammen mit der Nachricht in das Template-Daten-Dictionary.

Listing 10–9 Quellcode für templates/main.html

```
<!DOCTYPEhtml>
<head>
   <title>Aktueller Status</title>
</head>

<body>
<h1>Geräteliste mit Status</h1>

   {% for pin in pin s%}  ❶
   <p>The {{ pins[pin].name }}  ❷
```

```
{% if pins[pin].state == True %} ❸
   ist eingeschaltet (<a href="/{{pin}}/off">abschalten</a>)
{% else %} ❹
   ist ausgeschaltet (<a href="/{{pin}}/on">einschalten</a>)
{% end if %}
</p>
{% end for %}

{% if message %} ❺
<h2>{{ message }}</h2>
{% end if %}

</body>
</html>
```

❶ Durchläuft das Folgende für jeden Pin in Dictionary `pins`.

❷ Gibt den Namen des Pins aus.

❸ Ist der Pin High, wird ausgegeben, dass das Gerät an ist, dazu ein Link mit einer URL zum Abschalten.

❹ Andernfalls wird ausgegeben, dass das Gerät aus ist, dazu ein Link mit einer URL zum Einschalten.

❺ Wurde eine Nachricht an das Template übergeben, wird sie ausgegeben.

Wenn Sie den Code auf diese Art und Weise schreiben, können Sie sehr leicht so viele Geräte hinzufügen, wie die Hardware unterstützt. Tragen Sie einfach die zusätzlichen Informationen über das Gerät in Dictionary `pins` ein und ergänzen Sie dazu für jeden Pin die korrekte Aktion für jede Funktion (»ON«, »OFF« oder »TOGGLE«). Wenn Sie den Server neu starten, wird das neue Gerät in der Statusliste auftauchen, und die Steuer-URLs funktionieren automatisch.

Es gibt noch ein weiteres tolles Feature: Wollen Sie den Status eines Geräts mit einem einzelnen Tipp auf Ihrem Smartphone ändern, können Sie ein Lesezeichen für die Adresse *<ipaddress>/pin/toggle* anlegen. Diese URL prüft den aktuellen Status des Pins und schaltet ihn um.

Weitere Informationen

Requests *(docs.python-requests.org/en/latest)*
Die Homepage von Requests enthält eine sehr umfangreiche Dokumentation mit leicht verständlichen Beispielen.

Flask *(flask.palletsprojects.com)*
Es gibt noch viel mehr über Flask zu sagen. Die offizielle Site enthält das vollständige Feature-Set.

Flask Extensions *(flask.palletsprojects.com/extensions)*
Flask-Erweiterungen erleichtern das Hinzufügen von Funktionalität für Ihre Site.

Anhang A: Ein SD-Karten-Image schreiben

Dieses Buch dreht sich zwar um das Betriebssystem Raspberry Pi OS, seine Installation und Verwendung. Aber wie Sie sich vielleicht aus Kapitel 3 erinnern, gibt es viele andere Distributionen und Betriebssysteme, die auf dem Raspberry Pi laufen können.

Bei diesen müssen Sie normalerweise einfach nur das Disk Image herunterladen und es dann auf die SD-Karte kopieren. In diesem Kapitel geht es darum, wie Sie ein Disk Image auf eine SD-Karte schreiben und wie Sie umgekehrt aus einer SD-Karte ein Disk Image erstellen können. Letzteres ist ausgesprochen nützlich, wenn Sie beispielsweise ein funktionierendes SD-Karten-Image sichern wollen. Bringen Sie dann später Ihren Pi völlig durcheinander, sodass er nicht mehr funktioniert, können Sie ein lauffähiges Backup installieren. Auch wenn Sie eine ganze Herde an Pis erstellen wollen, auf denen überall die gleichen Prozesse laufen, ist das sehr nützlich.

Im Folgenden erhalten Sie eine Beschreibung, wie Sie das unter Windows, macOS und Linux machen.

Eine SD-Karte unter macOS schreiben

Es gibt zwei Möglichkeiten, ein Image mit einem Mac auf ein externes Gerät zu schreiben – über das Terminal oder über eine externe Anwendung. Schauen wir uns zuerst die Terminal-Methode an.

1. Öffnen Sie Ihr Terminal-Tool (Sie finden es im Finder unter Programme/Dienstprogramme).

2. Geben Sie *ohne* die Karte im Kartenleser Ihres Rechners den Befehl `diskutil list` ein. Sie erhalten eine Liste mit allen momentan gemounteten Disk-Partitionen, einschließlich der Hauptfestplatte und allen virtuellen Disks, die eventuell bei Ihnen laufen (Abb. A–1). Hier sehen Sie /dev/disk0 und /dev/disk1. Die Zahlen unter jeder Disk, die zu Festplattenpartitionen gehören, sind mit einem »s« versehen (ganz rechts in der Spalte). So ist beispielsweise /dev/disk1s2 die zweite Partition von /dev/disk1.

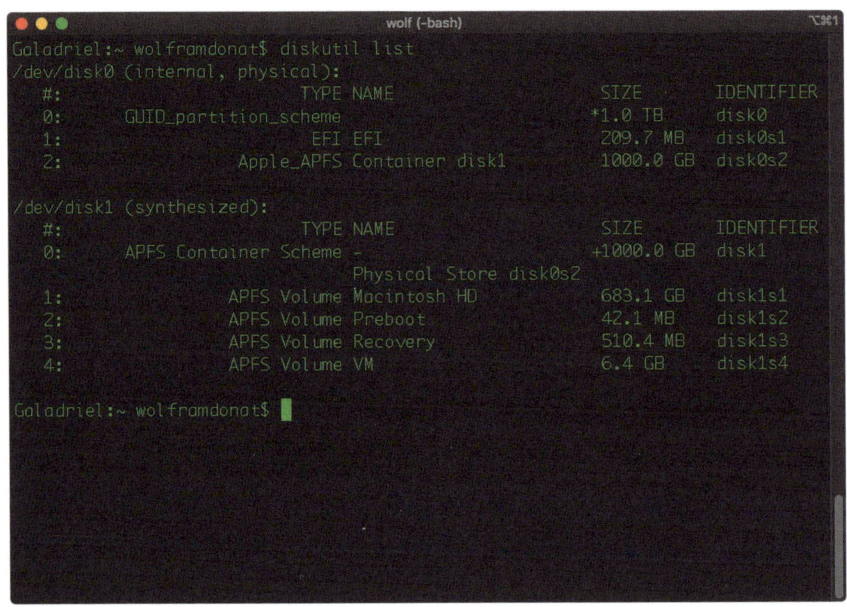

Abb. A–1 diskutil list auf macOS

3. Nun stecken Sie die SD-Karte ein und rufen den Befehl erneut auf. Sie werden einen neuen Eintrag sehen, der zur Karte gehört (Abb. A–2). Hier ist es eine 32-GB-Karte mit dem Namen /dev/disk2.

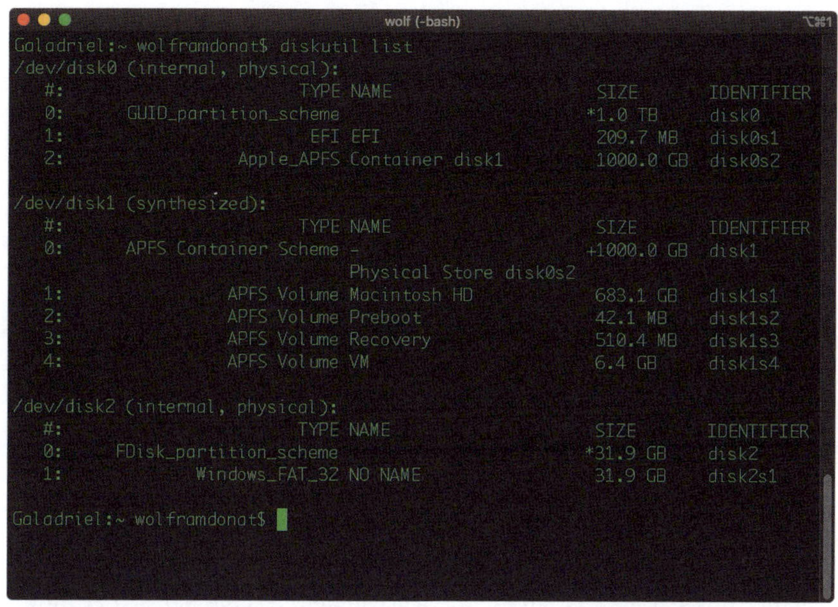

Abb. A–2 diskutil list auf macOS

4. Unmounten Sie alle Partitionen auf der SD-Karte, indem Sie `sudo diskutil unmount /dev/disk2s1` eingeben (natürlich mit dem Gerätenamen, den Sie sich vorher aufgeschrieben haben). Verwenden Sie eine brandneue SD-Karte, werden Sie sehr wahrscheinlich nur eine Partition haben. Gibt es mehr als eine Partition, müssen Sie darauf achten, dass Sie sie alle unmounten (/dev/disk2s2, /dev/disk2s3 und so weiter).
5. Wechseln Sie im Terminal zu dem Verzeichnis, in dem sich das Disk Image befindet, welches Sie auf die Karte schreiben wollen. Die Datei sollte auf *.img* enden – handelt es sich um ein *.zip*, müssen Sie die Datei zuerst entpacken. Dann schreiben Sie das Image mit folgendem Befehl auf die Karte: `sudo dd bs=4M if=filename.img of=/dev/rdisk2;sync`. Dabei kommt das Unix-Tool dd zum Einsatz, und es werden immer Blöcke mit 4 MB geschrieben. Achten Sie darauf, statt rdisk2 den Namen Ihrer Karte zu verwenden – fügen Sie ein »`r`« davor ein und **passen Sie bloß auf, in Ihrer of=-Flag die richtige Disk anzusprechen.** Der dd-Befehl hat auch den Spitznamen »Disk Destroyer«, denn wenn Sie die Eingabe- und Ausgabe-Dateinamen falsch wählen, können Sie sich problemlos Ihre Festplatte überschreiben. Prüfen Sie alles

zweimal, bevor Sie die Eingabetaste drücken. Erhalten Sie die Fehlermeldung »dd:bs:illegalnumeric value«, verwenden Sie stattdessen `bs=1m`, da dies davon abhängig ist, welche Version von dd auf Ihrem Mac installiert ist.

Ist das Tool fertig, sollten Sie eine funktionierende SD-Karte haben. Wollen Sie eine Kopie einer lauffähigen Pi-SD-Karte erstellen, läuft das ähnlich ab.

1. Führen Sie `diskutil` vor und nach dem Einfügen der SD-Karte aus, um deren Label zu finden.
2. Handelt es sich um eine funktionierende SD-Karte für einen Raspberry Pi, wird diese zwei Partitionen besitzen. Mit `sudo diskutil unmount` unmounten Sie beide Partitionen.
3. Jetzt verwenden Sie diesen Befehl, um das Disk Image in eine Datei zu schreiben: `sudo dd bs=4M if=/dev/rdisk2 of=filename.img;sync`. Auch hier müssen Sie das Disk-Label verwenden, das Sie bei sich ermittelt haben, und darauf achten, dass keine Partitionen aufgeführt sind. Damit ist sichergestellt, dass Sie die gesamte Karte kopieren.

Jetzt haben Sie eine lauffähige Kopie, die Sie dann auf eine andere Karte schreiben können. So lässt sich auch bequem ein Backup eines Systems erstellen.

Wollen Sie Fremdsoftware zum Schreiben Ihrer SD-Karte nutzen, haben Sie eine große Auswahl. Die Raspberry Pi Foundation bietet ein Tool zum kostenlosen Download an – den Raspberry Pi Imager, der auf der zentralen Software-Seite verfügbar ist (*www.raspberrypi.org/software*). Ich war auch mit balenaEtcher sehr erfolgreich (*www.balena.io/etcher*). Laden Sie es einfach herunter, installieren Sie es und folgen Sie den Anweisungen auf dem Bildschirm, um die SD-Karte zu erstellen. Mit balenaEtcher können Sie nicht nur eine Datei für ein Disk Image erstellen, sondern auch eine SD-Karte direkt auf eine andere Karte klonen, was fast genauso hilfreich ist. Mit dem Terminal-Trick von weiter oben können Sie eine Image-Datei erstellen, die sich zu einem anderen Zeitpunkt verwenden lässt.

Eine SD-Karte unter Linux schreiben

Auch wenn Sie in Linux Tools von Fremdherstellern nutzen können, um Image-Dateien zu schreiben, greife ich einfach auf die Befehlszeile zurück, da das sehr unkompliziert ist.

1. Geben Sie ohne die Karte im Kartenleser den Befehl `lsblk` ein (Abb. A–3).

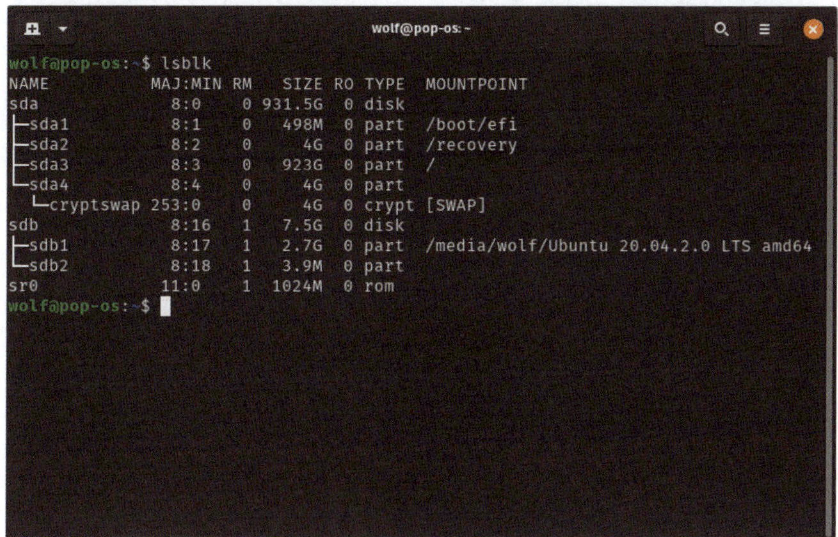

Abb. A–3 lsblk unter Linux

2. Schieben Sie die SD-Karte ein und führen Sie `lsblk` erneut aus (Abb. A–4). Achten Sie auf die neu aufgeführte Disk. In diesem Fall ist es /dev/sdc mit 7,5 GB. Bei Ihnen ist es vielleicht /dev/sdb, /dev/sdd oder etwas Ähnliches. Die einzelnen Partitionen auf der Disk sind die folgenden Ziffern: sdb1, sdb2 und so weiter.

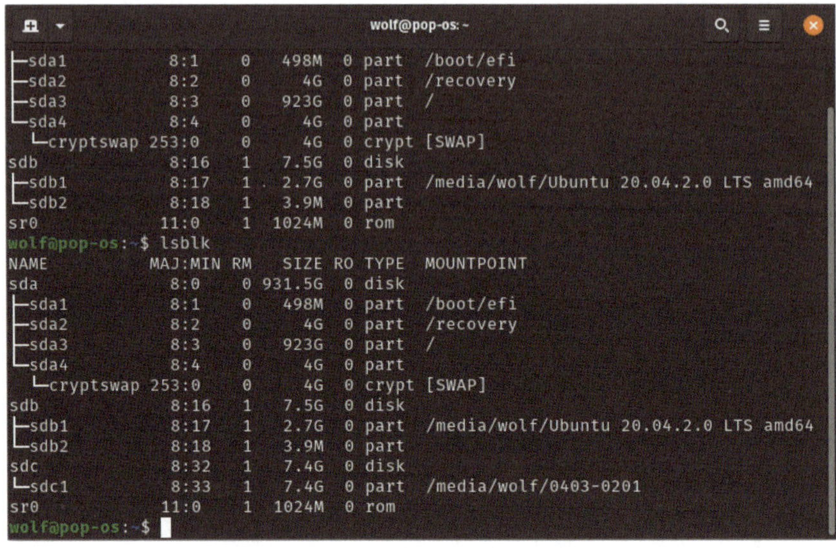

Abb. A–4 lsblk unter Linux

3. Unmounten Sie alle Partitionen auf der Disk mittels `sudo umount /dev/sdc1`, `sudo umount /dev/sdc2` und so weiter, bis alle Partitionen ungemountet sind.
4. Jetzt navigieren Sie in Ihrem Terminal zum Ordner mit Ihrer Disk-Image-Datei. Kopieren Sie sie mit folgendem Befehl auf die SD-Karte: `sudo dd bs=4M if=filename.img of=/dev/sdc`.

Ist die Operation abgeschlossen, haben Sie eine lauffähige SD-Karte. Wollen Sie den umgekehrten Weg gehen und eine Image-Datei für eine spätere Verwendung erstellen, ist das genauso einfach.

1. Führen Sie `lsblk` vor und nach dem Einführen der Karte auf, um die korrekte Disk-Bezeichnung zu ermitteln.
2. Unmounten Sie alle Partitionen auf der Karte. Eine lauffähige SD-Karte für den Raspberry Pi wird zwei Partitionen haben – achten Sie darauf, beide unzumounten.
3. Navigieren Sie in Ihrem Terminal zu dem Ordner, in dem Sie die Image-Datei speichern wollen.

4. Führen Sie folgenden Befehl aus, um die Datei zu erstellen, wobei Sie den Namen Ihrer Disk entsprechend anpassen: `sudo dd bs=4M if=/dev/sde of=filename.img conv=fsync status=progress`. Beachten Sie, dass Sie nicht die Partitionen auf der SD-Karte angeben, damit Sie auch die gesamte Karte kopieren und nicht nur eine einzelne Partition.

Ist der Prozess abgeschlossen, haben Sie eine Image-Datei, die Sie dann auf eine andere Karte brennen können.

Eine SD-Karte unter Windows schreiben

Das Schreiben einer SD-Karte unter Windows ist ziemlich einfach, da Sie die Wahl zwischen diversen Anwendungen von Fremdherstellern haben. Der Raspberry Pi Imager (*www.raspberrypi.org/software*) steht für Windows zur Verfügung, aber auch balenaEtcher (*balena.io/etcher*). Ich war auch mit dem Win32 Disk Imager erfolgreich (*sourceforge.net/projects/win32diskimager/files/latest/download*). Suchen Sie sich ein Programm aus, installieren Sie es und folgen Sie den Anweisungen auf dem Bildschirm, um Ihre Karte zu schreiben. Ich denke, keines dieser Tools wird es ermöglichen, eine Image-Datei von einer SD-Karte zu erstellen, daher sollten Sie zu einem Mac- oder Linux-Rechner wechseln, wenn das Ihr Ziel ist.

Anhang B: Der Raspberry Pi Pico

In diesem Anhang werden wir uns den Raspberry Pi Pico anschauen. Der Pico ist der neueste Bewohner des Raspberry-Pi-Ökosystems und er wurde im Februar 2021 vorgestellt. Es handelt sich um einen kleinen Microcontroller, ähnlich wie ein Arduino, der den RP2040-Chip einsetzt, welcher von der Raspberry Pi Organization entwickelt wurde. Er ist für etwas über 4 Euro erhältlich. Beim RP2040 handelt es sich um einen Dual Core ARM Cortex-M0+, der mit bis zu 133 MHz läuft und sich mit C oder MicroPython programmieren lässt.

Der Pico selbst

Abb. B–1 Der Raspberry Pi Pico

Warum, Pi?

Man fragt sich vielleicht, warum die Raspberry Pi Foundation all die Arbeit auf sich nimmt, einen eigenen Mikroprozessor-Chip zu erstellen und zu designen. Wir sind uns sicher, dass es sehr viele Antworten auf diese Frage gibt – vor allem anderen ist es wohl der Wunsch, seine eigene zuverlässige Quelle für Mikroprozessoren zu besitzen. Aber neugierig bin ich schon, warum Raspberry Pi mit einem – letztendlich – High-End-Arduino in einen Markt eintritt, der eigentlich schon gesättigt ist.

Das Pico-Board enthält den RP2040 und 2 MB Flash-Speicher, es gibt eine USB-Anschlussmöglichkeit und durchdachtes Power Management. (Das Board kann mit 1,8 V laufen, also mit einem Lithium-Ionen-Akku oder sogar ein paar AA-Batterien betrieben werden.) Es gibt 26 GPIO-Pins für 3,3 V. Mit achtsamer Programmierung können Sie zwei I^2C-Kanäle, zwei SPI-Kanäle und 16 PWM-Pins nutzen. (Die PWM-Pins auf dem Pico sind insofern interessant, als sie *eingehende* PWM-Signale messen können und Informationen über die Frequenz und das Tastverhältnis liefern.)

Eine interessante Anmerkung zum Pico ist, dass es einen internen ROM-Bereich gibt, der den Bootloader des Chips enthält. Das heißt, es sollte so gut wie unmöglich sein, den Pico nur durch schlechte, fehlerhafte Programmierung völlig außer Gefecht zu setzen. Andererseits sind die Boards für etwas über 4 Euro praktisch Wegwerfware, wenn Sie sich um die Umwelt keine Gedanken machen.

Auf der Website der Raspberry Pi Foundation (*raspberry.org*) finden Sie viel technische Dokumentation zum Pico und zum RP2040, umfangreiche Datenblätter für beide Devices und sogar CAD-Dateien, um kompatible Boards erstellen zu können. Sie finden hier auch den vollständigen Inhalt des Onboard-Boot-ROM! Wie Sie die gesamte C/C++-Kompilierungswerkzeugkette für den Pico aufsetzen, ist ebenfalls beschrieben. All das würde den Rahmen dieses Buches sprengen – wir werden Sie in diesem Kapitel nur mit MicroPython für den Pico bekannt machen.

MicroPython

MicroPython ist, wie der Name schon andeutet, eine Python-Version, die für die Ausführung auf Microcontrollern optimiert ist. Es wurde 2014 vom australischen Programmierer Damien George nach einer erfolgreichen Kickstarter-Kampagne geschaffen, um Microcontroller und andere in Speicher und/oder Leistung beschränkte Geräte programmieren zu können. Da das Original-Python für ausgewachsene Computer mit ausreichend Speicher und einem richtigen Betriebssystem entwickelt worden war, muss MicroPython Kompromisse zwischen Features und Funktionsfähigkeit eingehen.

Der erste Schritt auf dem Pico wird das Verwenden von MicroPython in einer interaktiven Umgebung namens REPL sein (häufig ausgesprochen irgendwo zwischen dem englischen »repple« und »ripple«), das für »Read-Evaluate-Print Loop« steht. In einer REPL wartet der Computer zunächst auf die Eingabe vom Benutzer – in diesem Fall die eingetippte Nachricht »Hello, Pico«:

```
Welcome to minicom 2.7.1

OPTIONS: I18n
Compiled on Aug 13 2017, 15:25:34.
Port /dev/ttyACM0, 15:49:54

Press CTRL-A Z for help on special keys


>>> print('Hello, Pico')
```

Abb. B–2 REPL Schritt 1: Read

Drückt der Benutzer die Eingabetaste, folgt Schritt 2. Die Umgebung *evaluiert* die Eingabe. Hier geschieht die eigentliche Arbeit: Geht es im Befehl darum, eine LED anzuschalten oder eine Netzwerkverbindung zu öffnen, passiert das in der Evaluierungsphase.

Schritt 3 ist die Ausgabe (*Print*). Hier gibt die MicroPython-Umgebung das Ergebnis der Evaluierungsphase zurück.

```
Welcome to minicom 2.7.1

OPTIONS: I18n
Compiled on Aug 13 2017, 15:25:34.
Port /dev/ttyACM0, 15:49:54

Press CTRL-A Z for help on special keys


>>> print('Hello, Pico')
Hello, Pico
>>>
```

Abb. B–3 REPL Schritt 3: Print

Nachdem die Anweisung ausgewertet und ausgegeben wurde, springt die REPL-Umgebung zurück zu Schritt 1 (*Loop*) und wartet auf eine neue Anweisung vom Benutzer. In MicroPython wird das durch einen neuen Prompt >>> angezeigt.

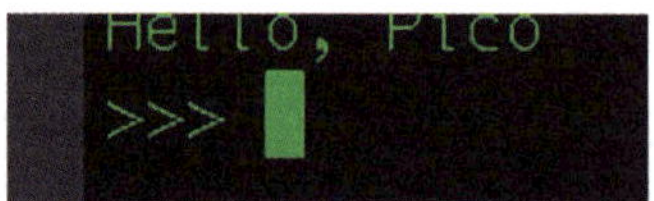

Abb. B–4 REPL Schritt 4: Loop

Wie jede gute Python-Variante wird die MicroPython-REPL Ihren Code bei der Eingabe automatisch einrücken, zudem gibt es eine Möglichkeit zum Autovervollständigen durch einen Druck auf die Tabulator-Taste. Wie bei normalem Python soll `Strg`-`C` für einen Abbruch eines laufenden Programms sorgen. Wenn das nicht funktioniert oder wenn Sie die REPL komplett zurücksetzen müssen, sorgt `Strg`-`D` dafür, dass der MicroPython-Interpreter neu gestartet wird, ohne die Verbindung zwischen dem Pico und Ihrem Computer trennen zu müssen. Normalerweise.

(Einige) Unterschiede zwischen MicroPython und Python

- MicroPython erfordert Leerzeichen zwischen Nummern und Schlüsselwörtern.
- Escapes für Unicodenamen sind nicht implementiert.

- Fehlermeldungen für Methoden zeigen eventuell eine unerwartete Zahl an Argumenten an.
- Funktionsobjekte besitzen nicht das Module-Attribut.
- Benutzerdefinierte Attribute für Funktionen werden nicht unterstützt.
- Module, die nicht geladen werden können, werden trotzdem als geladen registriert.

Fast alle diese Unterschiede sind darin begründet, MicroPython so kompakt (und speichersparsam) wie möglich zu halten.

MicroPython auf dem Pico installieren

Das Raspberry Pi OS brachte Python schon mit. Beim Pico ist MicroPython nicht dabei, aber es lässt sich problemlos nachinstallieren.

1. Trennen Sie Ihren Pico vollständig von der Stromversorgung. Bei den meisten Benutzern heißt das, einfach das USB-Kabel abzuziehen. Aber auch LiPos oder andere Batterien, die Sie verwenden, dürfen Sie nicht vergessen. Der Pico muss vollständig tot sein.
2. Rufen Sie auf Ihrem Computer *micropython.org/download/rp2-pico/rp2-pico-latest.uf2* auf, um den neuesten MicroPython-Code für den Pico herunterzuladen.
3. Drücken Sie den `BOOTSEL`-Taster auf dem Pico und halten Sie ihn gedrückt.

Abb. B–5 Der BOOTSEL (Boot Select)-Taster auf dem Raspberry Pi Pico

4. Versorgen Sie den Pico wieder mit Strom, indem Sie das USB-Kabel einstecken, das ihn mit Ihrem Computer verbindet.
5. Lassen Sie den `BOOTSEL`-Taster los.
6. Auf Ihrem Computer sollte der Raspberry Pi Pico in Ihrem Dateimanager als USB-Massenspeicher mit dem Namen `RPI-RP2` auftauchen (es kann einen Moment dauern, bis er erkannt wurde). Schauen Sie sich ihn mit einer Festplattenverwaltungssoftware an, werden Sie sehen, dass er vorgibt, ein FAT-Speicherstick mit 128 MB zu sein.

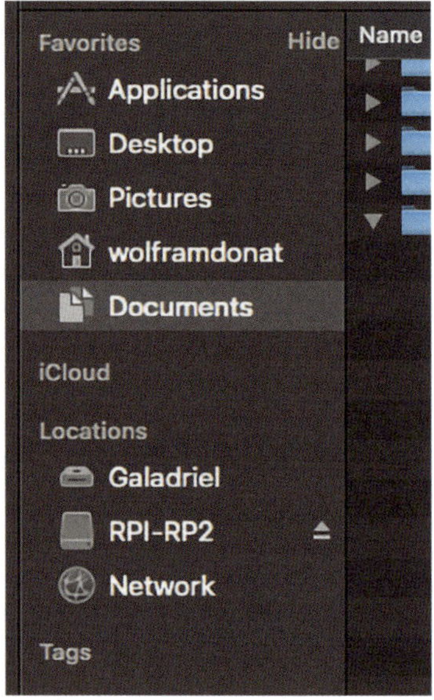

Abb. B–6 Der Pico als USB-Laufwerk, das mit Ihrem Computer verbunden ist

7. Nutzen Sie den Dateimanager, um die Datei *rp2-pico-latest.uf2* von Ihrem Computer auf den Pico zu ziehen – so, wie Sie auch andere Dateien von einem Laufwerk in ein anderes ziehen würden.
8. Der Pico wird die Datei erfassen (das kann ein paar Sekunden dauern) und sich dann neu starten. Jetzt läuft er mit der MicroPython-REPL und er gibt nicht länger vor, ein USB-Laufwerk zu sein.
9. Ihr Pico ist nun ein eigenständiges Gerät, das mit der seriellen Schnittstelle Ihres Computers verbunden ist. Um mit der REPL zu kommunizieren, brauchen Sie einen Terminal-Emulator.

Linux und Mac

In ihrer Dokumentation empfiehlt die Raspberry Pi Foundation den Einsatz von `minicom`, einen textbasierten seriellen Terminal-Emulator, aber ehrlich gesagt tut es auch jede andere Terminal-Emulation wie `CoolTerm` oder `PuTTY`.

Zunächst müssen Sie herausfinden, an welchem seriellen Port Ihr Pico angeschlossen ist. Arbeiten Sie mit Linux, können Sie einfach `ls /dev/tty*` eingeben und nach `/dev/ttypACM0` Ausschau halten. (Das funktioniert auch auf einem Raspberry Pi: Sie können durchaus Ihren Pico von Ihrem Pi aus ansteuern!)

```
pi@raspberrypi:~ $ ls /dev/tty*
/dev/tty     /dev/tty19  /dev/tty3   /dev/tty40  /dev/tty51  /dev/tty62
/dev/tty0    /dev/tty2   /dev/tty30  /dev/tty41  /dev/tty52  /dev/tty63
/dev/tty1    /dev/tty20  /dev/tty31  /dev/tty42  /dev/tty53  /dev/tty7
/dev/tty10   /dev/tty21  /dev/tty32  /dev/tty43  /dev/tty54  /dev/tty8
/dev/tty11   /dev/tty22  /dev/tty33  /dev/tty44  /dev/tty55  /dev/tty9
/dev/tty12   /dev/tty23  /dev/tty34  /dev/tty45  /dev/tty56  /dev/ttyACM0
/dev/tty13   /dev/tty24  /dev/tty35  /dev/tty46  /dev/tty57  /dev/ttyAMA0
/dev/tty14   /dev/tty25  /dev/tty36  /dev/tty47  /dev/tty58  /dev/ttyprintk
/dev/tty15   /dev/tty26  /dev/tty37  /dev/tty48  /dev/tty59  /dev/ttyS0
/dev/tty16   /dev/tty27  /dev/tty38  /dev/tty49  /dev/tty6
/dev/tty17   /dev/tty28  /dev/tty39  /dev/tty5   /dev/tty60
/dev/tty18   /dev/tty29  /dev/tty4   /dev/tty50  /dev/tty61
pi@raspberrypi:~ $
```

Abb. B–7 /dev/tty* auf einem Pi auflisten

Microsoft Windows

Unter Windows müssen Sie Ihren Geräte-Manager öffnen:

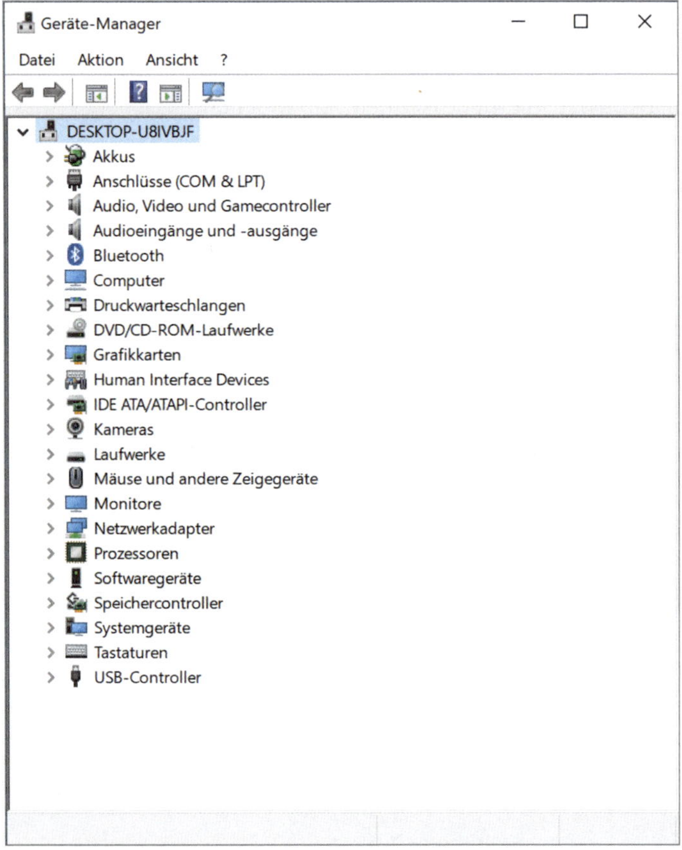

Abb. B–8 Geräte-Manager

Im Menü »Ansicht« sollten Sie die Geräte nach Container sortieren.

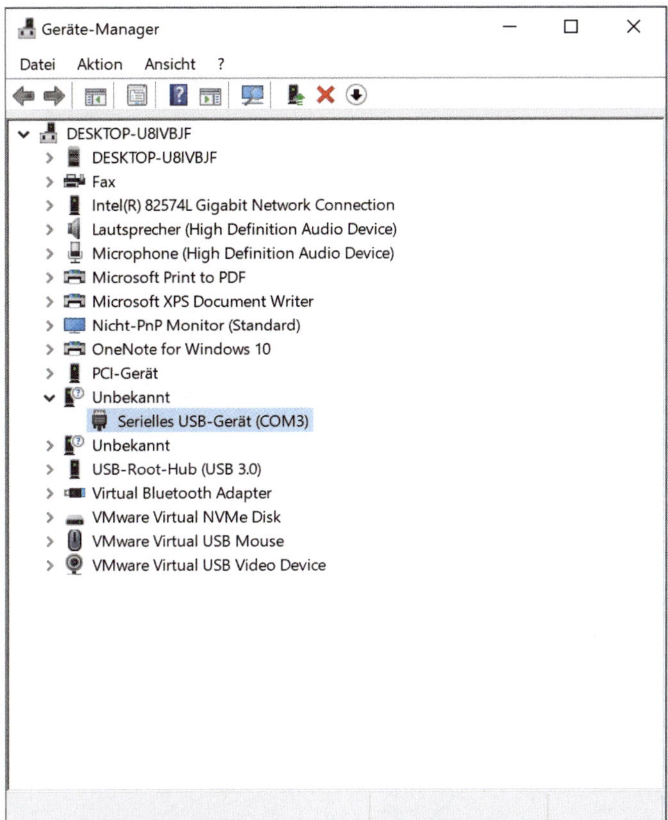

Abb. B–9 Pico im Geräte-Manager

Suchen Sie nach dem Gerät, das ein »Board (CDC)« oder »RP2 Boot« ist. (In manchen Fällen erhalten Sie beim Einstecken des Pico die Meldung, dass Windows ein Board im FS-Modus einrichtet, während es im Geräte-Manager dann unter »Unbekannt« auftaucht.) Notieren Sie sich den verwendeten COM-Port – in diesem Fall COM3.

Klicken Sie im Geräte-Manager mit der rechten Maustaste auf den Eintrag für COM3, wählen Sie »Eigenschaften« und dann die Registerkarte »Anschlusseinstellungen«.

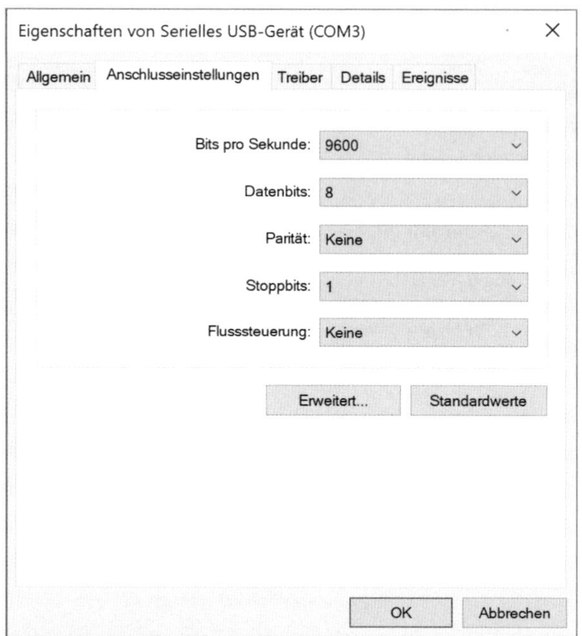

Abb. B–10 Einstellungen für die COM3-Verbindung

Achten Sie auf die Kommunikationsparameter: 9600 Bits pro Sekunde, 8 Datenbits, Keine Parity, 1 Stoppbit, Keine Flusssteuerung.

Dann öffnen Sie Ihren Terminal-Emulator. Wir verwenden PuTTY für Windows. Geben Sie die Kommunikationsparameter in den Einstellungen ein und achten Sie darauf, eine serielle Verbindung statt einer SSH-Verbindung festzulegen. Dann sollten Sie mit der MicroPython-REPL des Pico verbunden werden.

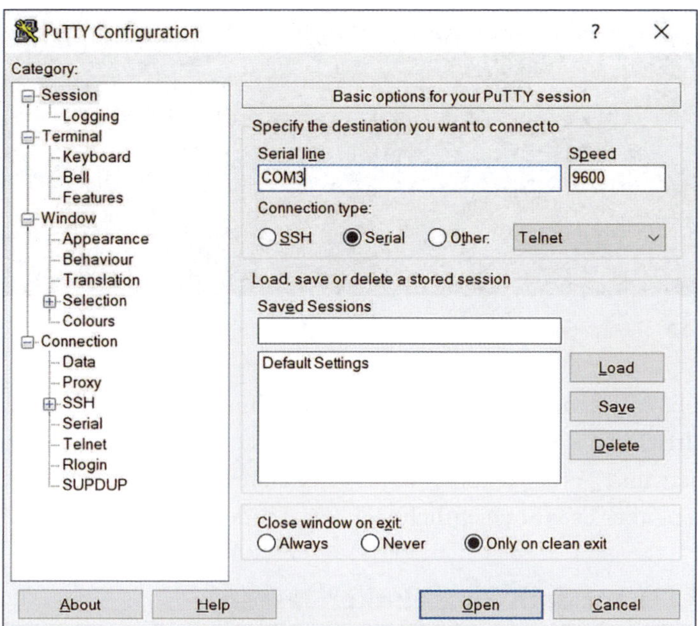

Abb. B–11 Einstellungen für PuTTY

Nutzen Sie Linux (zum Beispiel auf Ihrem Pi), brauchen Sie die Kommunikationsparameter nicht, weil der Pico direkt über einen virtuellen seriellen Port angeschlossen ist. Verwenden Sie Minicom, geben Sie einfach `minicom -o -D/dev/ttyACM0` ein und drücken Sie die Eingabetaste, wenn sich das Minicom-Fenster öffnet, um den initialen REPL-Prompt >>> zu erhalten. (Minicom lässt sich mit einem einfachen `sudo apt-get install minicom` installieren.)

MicroPython auf dem Pico verwenden

Ihr Computer ist jetzt also über Ihr Terminal-Emulator-Programm direkt mit der REPL des Pico verbunden. Sie sollten so etwas wie das Folgende sehen:

```
Welcome to minicom 2.7.1

OPTIONS: I18n
Compiled on Aug 13 2017, 15:25:34.
Port /dev/ttyACM0, 15:49:54

Press CTRL-A Z for help on special keys


>>> 
```

Abb. B–12 Minicom-Verbindung zum Pico auf dem Pi

Das sieht fast genauso aus wie die Beschreibung der REPL ein paar Seiten weiter oben – weil es auch das Gleiche ist. Sie können ganz klassisch vorgehen und `print ("Hallo Welt")` als erstes MicroPython-Programm eingeben, aber es gibt eigentlich viel spannendere Dinge zu entdecken.

Eine LED auf dem Pico blinken lassen

```
from machine import Pin
led = Pin(25, Pin.OUT)
led.value(1)
```

Was passiert? Eine der LEDs auf dem Pico leuchtet auf! Um sie wieder abzuschalten, geben Sie in der REPL ein:

```
led.value(0)
```

Es ist allgemein anerkannt, dass die Fähigkeit, einen Microcontroller-Pin anzusteuern, die Grundlage für jegliches Physical Computing ist. Nachdem Sie es nun geschafft haben, diesen Pin zu steuern, steht Ihnen die ganze Welt offen!

Exkurs

Wusstan Sie, dass der Chrome-Browser die Geräte erfasst, die mit Ihrem Computer verbunden sind? Und wussten Sie, dass Sie Chrome dazu bringen können, Ihnen zu sagen, welche Geräte eingesteckt sind? Geben Sie einfach `chrome://device-log/?refresh=30` in der Adresszeile ein, um zu sehen, was Chrome über Ihren Computer weiß. Ziemlich cool und ziemlich unheimlich.

Anhang C: Noch ein Raspberry Pi?!

Abb. C–1 Der Raspberry Pi Zero W2

Während die englischsprachige Version dieses Buchs in den Druck geht, hat die Pi Foundation die Liste der angebotenen Pis um ein weiteres Modell ergänzt – ein aufgemotztes Modell Zero W, nun als Zero W2 bezeichnet.

Was ist das Besondere oder Interessante am Zero W2? Als Pi-Zero-Modell hat es ungefähr die Größe eines Kaugummistreifens – weniger als halb so groß wie ein normaler Pi. Und es kostet nur etwa ein Drittel des Preises des neuen Pi 4. Mit circa 15 Euro ist es ideal für Prototypen oder zum Verwenden in einem Basteldingsi, für das Sie keinen teureren, großen Pi opfern wollen. Er hat wie der Zero W Onboard-WLAN, und der Chip verwendet tatsächlich den RP2041, welcher den gleichen Prozessor wie der Raspberry Pi 3 nutzt.

Um das noch mal deutlich zu sagen: Der Zero W2 ist im Prinzip ein Raspberry Pi Model 3 (bei dem es sich immer noch um einen ausreichend guten Pi handelt), nur in kleiner, und er kostet nur 15 Euro. Er läuft mit 1 GHz einen Tick langsamer als die 1,2 GHz des Pi 3, aber es ist der gleiche Prozessor. (Wir haben das Gefühl, dass es Leute geben wird, die mit ihm experimentieren werden, um herauszufinden, ob man ihn übertakten und damit die fehlenden GHz herauskitzeln kann.)

Es gibt ein paar andere Produkt der Pi Foundation, die dem Zero W2 in Bezug auf Größe und Leistungsfähigkeit nahekommen. So kommt einem das Compute Module 3 in den Sinn. Die Compute Modules werden von Makern gerne vergessen, wenn sie etwas bauen wollen, weil die Geräte nicht so benutzerfreundlich sind. Sie haben keine Anschlüsse für HDMI oder USB und auch keinen SD-Karten-Slot, da sie dazu entworfen wurden, in ein anderes Board mit einer eigenen Stiftleiste gesteckt zu werden. Und wenn Sie die Kosten des Entwicklungsboards mit einrechnen, mit dem Sie sich verbinden, steigt der Preis durchaus an. Aber was die Leistung und die Größe angeht, liegt das Compute Module 3 ziemlich nahe beim Zero W2.

Was ist dann das Besondere am Zero W2? Nun, es ist schon mal auch ein Zero und ein Zero W. Haben Sie sich in letzter Zeit umgeschaut, werden Sie festgestellt haben, dass es schwierig sein kann, einen Zero zu finden. Vielleicht sind nicht mehr so viele auf dem Markt, oder er ist so beliebt, aber die Suche nach einem Pi Zero auf Seiten wie Amazon oder Pimoroni führen oft nur zu einem Zero W, aber nicht zu einem Zero. Der Zero hat einen großen Vorteil und einen großen Nachteil. Der Vorteil ist der Preis. Ein Pi für 5 Euro lässt sich schwerlich schlagen. Der Nachteil ist die fehlende WiFi-Fähigkeit. Wollen Sie den Zero mit einem Netzwerk verbinden, brauchen Sie einen USB-nach-Ethernet-Adapter, der entweder einen der wertvollen Ports auf dem Board belegt oder einen USB-Hub erfordert – beides kostet Platz, den Sie vielleicht nicht opfern wollen.

Die nächste Stufe ist offensichtlich der Zero W. Wir sind immer schon davon ausgegangen, dass die Anwender den Zero W schon aufgrund seiner eingebauten WiFi- und Bluetooth-Unterstützung bevorzugen – viele Maker wollen Geräte bauen, die mit dem Netz verbunden sind, und ein Gerät, das schon per WiFi kommunizieren kann, ist dann einfach sinnvoll. Der Zero W kostet nur 10 Euro, hat aber einen Nachteil: seine Verfügbarkeit. Seit seinem ersten Erscheinen vor vier Jahren verkaufen die Händler immer nur eine Zero W pro Kunde. (Ich habe neulich mit einer Art Zero W Beowulf Cluster experimentiert und musste viele kleine einzelne Bestellungen durchführen, um mein Cluster an Ws zu bekommen.)

Jetzt haben Maker die Möglichkeit, den Zero W2 zu nutzen, was eigentlich keinerlei Überlegung bedarf. (Natürlich müssen wir schauen, wie das mit der Verfügbarkeit aussieht, da es sicherlich ein beliebtes Board werden wird.) Bei Tests ist der Zero W2 um Welten schneller als der Zero. Das liegt sehr wahrscheinlich am Mehrkernprozessor des Zero W2, der durch dafür optimierten Code am besten ausgenutzt werden kann.

Da der Zero W2 so reduziert ist, wird er nie zu einem PC-Ersatz für jedermann werden, schon weil er bei Webseiten mit viel JavaScript ins Schwitzen kommt. Es geht eher um den Einsatz in Projekten, Designs und Erfindungen. Aber genau dafür war der Pi ursprünglich auch gedacht. Es ist daher irgendwie schön, dieses minimalistische, leistungsfähige Board zu haben, das Rechenleistung in kleine, eingebettete Systeme bringen kann. Auch ist es toll, dass der Onboard-Chip RP2041 der zweite Microcontroller-Chip ist, den die Pi Foundation entwickelt hat. Wir sind gespannt, womit sie als Nächstes ankommen werden, da sie sich anscheinend bei der Chip-Entwicklung gar nicht so dumm anstellen.

Oh, und noch eine letzte Sache: Wir können das nicht garantieren, aber der meiste – wenn nicht sogar der gesamte – Code in diesem Buch sollte auf dem Zero W2 laufen, eventuell mit Ausnahme des OpenCV-Kapitels. Wir sehen hier die Wurzeln des Pi als günstigen Lerncomputer – und 15 Euro sind quasi unschlagbar!

Viel Spaß beim Programmieren!

Index

M

N

O

P

Q

R

S

T

U

V

W

X

Z

John Boxall

Arduino-Workshops

Eine praktische Einführung mit 65 Projekten

2., aktualisierte Auflage 2022
504 Seiten, Broschur
€ 34,90 (D)

ISBN:
Print 978-3-86490-918-4
PDF 978-3-96910-788-1
ePub 978-3-96910-789-8
mobi 978-3-96910-790-4

Auf *dpunkt.de* auch als Bundle (Print & E-Book) erhältlich.

Mit seiner breiten Palette an Ein- und Ausgangs-Add-ons, Sensoren, Anzeigen, Displays und Motoren bietet der Arduino unzählige Möglichkeiten, interaktive Geräte zu entwickeln. In »Arduino-Workshops« erfahren Einsteiger und Hobbyprogrammiererinnen, wie diese Add-ons funktionieren und wie sie in DIY-Projekte eingesetzt werden können.

Sie starten mit einem Überblick über das Arduino-System und gehen dann rasch zu verschiedenen elektronischen Komponenten und Konzepten über. Schritt für Schritt erlernen Sie die Tricks und Design-Prinzipien der Profis. Durch die Beispielprojekte gelingt Ihnen der Einstieg ins Thema und inspiriert Sie zu eigenen Projekten.

Stefan Aumüller

LEGO® Hacks

Mit Arduino und LEGO eigene Bots bauen

2020
320 Seiten, Broschur
€ 29,90 (D)

ISBN:
Print 978-3-86490-643-5
PDF 978-3-96088-703-4
ePub 978-3-96088-704-1
mobi 978-3-96088-705-8

Auf *dpunkt.de* auch als Bundle (Print & E-Book) erhältlich.

Konstruiere mit deinen LEGO-Steinen und dem Arduino faszinierende Modelle! Dieses Buch zeigt dir, wie du Sensoren und Aktoren, die man bei jedem Elektronikversand erhält, mit deinen LEGO-Elementen verbindest. Du erlernst dabei Grundlagen der Elektronik und die nahezu unbegrenzten Möglichkeiten, deinen Steinevorrat mit elektronischen Bauteilen zu kombinieren.

Gemeinsam mit einer Einführung zum Mikrocomputer Arduino erhältst du Tipps zur Stromversorgung in einem LEGO-Modell. Bebilderte Übersichten über empfohlenes Werkzeug und die notwendigen Materialien erleichtern dir den Start in dein Projekt. Mit selbstgebauten Adaptern machst du eine aufladbare Powerbank Noppenstein-kompatibel und steuerst Power-Functions-Motoren mit dem Arduino.

»LEGO Hacks« bietet dir zahlreiche Anleitungen zu Modellen, zwingt dich jedoch nicht zu deren exaktem Nachbau. Die Beschreibungen sind bewusst so gehalten, dass du fehlende Steine mit Teilen aus deinem eigenen Fundus austauschen kannst. Bei kompliziert zu ersetzenden Teilen wie z. B. Zahnrädern liefert das Buch Teilenummern.

Charles Platt

Make: Elektronik

Eine unterhaltsame Einführung für Maker, Kids, Tüftlerinnen und Bastler

3., komplett überarb. Auflage 2022
366 Seiten, Broschur
€ 36,90 (D)

ISBN:
Print 978-3-86490-867-5
PDF 978-3-96910-824-6
ePub 978-3-96910-825-3
mobi 978-3-96910-826-0

Auf *dpunkt.de* auch als Bundle (Print & E-Book) erhältlich.

Mit der dritten Ausgabe seines erfolgreichen Einstiegshandbuchs für Elektronik führt Charles Platt das Modell des »Lernens durch Entdecken« fort, womit er seit der ersten Auflage Kindern im Grundschulalter bis hin zu Seniorinnen und Senioren die Welt der Elektronik auf unterhaltsame Weise eröffnet.

»Make: Elektronik« erforscht die Eigenschaften und Anwendungen von Widerständen, Kondensatoren, Transistoren, Induktionsspulen, Dioden und integrierten Schaltkreisen (IC). Dieses Buch vermittelt somit die Grundlagen und gibt auch Ratschläge zu den Werkzeugen, die du wirklich brauchst. Als Stromquelle nutzt du solche mit niedriger Spannung wie eine 9-Volt-Batterie: Sicherheit geht immer vor.

Für diese Auflage wurden viele Fotos und Schaltpläne ersetzt und aktualisiert. In den Experimenten verwendest du nun durchgängig einfache Breadboards. Interne Schaltpläne wurden zur besseren Übersicht neu gezeichnet. Der Arduino als beliebtester Mikrocontroller steht nun noch mehr im Fokus. Mit trockenem Humor und klaren Erklärungen sorgt Charles Platt dafür, dass dir jedes Experiment Spaß bringt. Mach dich bereit, Dinge zu verheizen und durcheinander zu bringen – denn so lernt man!